# LIBRAIRIE

## RELIGIEUSE, CLASSIQUE ET D'ÉDUCATION

DE

# ALFRED MAME ET FILS

## A TOURS

(INDRE-ET-LOIRE)

## CATALOGUE GÉNÉRAL

SPÉCIAL POUR LES LIBRAIRES

## JANVIER 1897

## TOURS

IMPRIMERIE A. MAME ET FILS

# CONDITIONS DE VENTE

## PAYEMENT
### à 30 jours de l'expédition.

MM. les Libraires avec lesquels nous ne sommes pas en relations et qui n'auront pas fourni, en adressant leurs demandes, les renseignements d'usage sur leur solvabilité, payeront en remboursement sur présentation de la lettre de voiture.

Il ne sera pas ouvert de compte pour *une première affaire* n'atteignant pas 25 francs ; au-dessous de cette somme, le montant de la première commande devra être envoyé *à l'avance*, en un mandat sur la poste et par lettre affranchie.

Les conditions du présent Catalogue sont applicables du jour de sa réception ; elles annulent celles des Catalogues précédents.

Toute demande par douzaine d'un même ouvrage donne droit au treizième en feuilles ; la brochure, le cartonnage ou la reliure du treizième est payé par le demandeur.

*Il n'est pas accordé de treizième par réassortiment, c'est-à-dire sur une douzaine de volumes prise en plusieurs fois.*

Les paroissiens et livres de piété hors série, pris par cent, sont livrés aux prix nets fixés pour ce nombre, et sans treizièmes.

Nous ne fournissons que les reliures annoncées sur notre Catalogue.

Si, à la réception d'une demande, un ou plusieurs des articles demandés se trouvent épuisés ou manquent momentanément, l'absence de ces articles ne pourra jamais motiver de la part du demandeur le refus de l'expédition ni une indemnité pour les frais de port.

Nous donnons avis de traite en même temps que d'expédition. Tout compte sera fermé au correspondant qui aura refusé, sans motif valable, le payement d'une de nos traites.

Nos mandats sont sur papier timbré, *et sans l'indication de* RETOUR SANS FRAIS, afin d'éviter la non-présentation.

*Tous nos livres, à l'exception de ceux en feuilles et des classiques, sont emballés dans des caisses aux frais du destinataire.*

*Nous n'acceptons à aucun prix le retour des caisses vides.*

Toutes nos expéditions sont remises au CHEMIN DE FER, la seule voie de transport qui existe dans notre ville. L'administration du chemin de fer faisant elle-même les lettres de voitures, toute réclamation devra lui être adressée, soit pour retard ou avarie, soit pour erreur ou changement de prix. Enfin nous entendons ne conserver aucune responsabilité pour des marchandises qui, aux termes du Code de commerce (art. 100), voyagent aux risques et périls des demandeurs, sauf le recours de ceux-ci contre les agents du transport.

Nos prix étant fixés invariablement, aucune demande faite à d'autres conditions ne sera expédiée.

*Nous ne serons jamais responsables des erreurs occasionnées par des indications inexactes ou incomplètes dans les demandes.*

Toutes les lettres que nous expédions sont *affranchies* ; nous porterions en compte la taxe de celles qui ne nous seraient pas adressées *franco*.

# TABLEAU

## DES REMISES ACCORDÉES A MM. LES LIBRAIRES

### SUR LES LIVRES DE DISTRIBUTION DE PRIX

## BIBLIOTHÈQUE ILLUSTRÉE

**Petit in-folio.**  3 VOLUMES (500 PAGES)

|  | Prix du Catalogue | | Net avec 13e | |
|---|---|---|---|---|
| Broché . . . . . . . . . . . . . . . . | 12 | » | 7 | 20 |
| Percaline, plaques spéciales, tranche dorée. . | 15 | » | 9 | » |
| Demi-reliure, dos en chagrin rouge, tr. dorée. | 19 | » | 11 | 40 |
| Demi-reliure d'amateur, dos et coins maroquin, tête dorée . . . . . . . . . . . . . . | 27 | » | 16 | 20 |

**In-4°, 1re série.**  35 VOLUMES (400 pages)

| | | | | |
|---|---|---|---|---|
| Broché, couverture imprimée. . . . . . . | 5 | 50 | 3 | 30 |
| Broché, couverture chromo. . . . . . . | 5 | 75 | 3 | 45 |
| Percaline gaufrée, dorure sur plat, tr. dorée. | 8 | 50 | 5 | 10 |
| Demi-reliure chagrin, tr. dorée. . . . . . | 10 | » | 6 | » |

**In-4°, 2e série.**  23 VOLUMES (288 pages)

| | | | | |
|---|---|---|---|---|
| Broché, couverture imprimée. . . . . . . | 3 | 35 | 2 | » |
| Broché, couverture chromo. . . . . . . | 3 | 50 | 2 | 10 |
| Cartonnage, imitation de toile, tr. dorée. . | 4 | 60 | 2 | 76 |
| Percaline, riches ornements, tr. dorée. . | 6 | 20 | 3 | 70 |
| Percaline, ornements en noir et or, tr. dorée. | 7 | » | 4 | 20 |

## BIBLIOTHÈQUE DES FAMILLES

### ET DES MAISONS D'ÉDUCATION

**Grand in-8°, 1re série.**  53 VOLUMES (368 pages)

| | | | | |
|---|---|---|---|---|
| Broché, couverture en couleurs. . . . . . | 2 | 50 | 1 | 50 |
| Riche cartonnage, imit. de toile, tr. jaspée. . | 3 | » | 1 | 80 |
| Riche cartonnage, imit. de toile, tr. dorée. . | 3 | 40 | 2 | 04 |
| Percaline, riches ornem., tr. dorée. . . . . | 4 | » | 2 | 40 |
| Demi-reliure chagrin, tranche dorée. . . . | 6 | 50 | 3 | 85 |

### Grand in-8°, 2e série.    56 VOLUMES (240 pages)

|  | Prix du Catalog. | Net avec 13e |
|---|---|---|
| Broché, couverture en couleurs. . . . . . | 1 50 | » 90 |
| Riche cartonnage, imit. de toile, tr. jaspée. . | 2 » | 1 20 |
| Riche cartonnage, imit. de toile, tr. dorée. . | 2 40 | 1 44 |
| Percaline gaufrée, tr. dorée. . . . . . . | 3 » | 1 80 |

### Grand in-8°, 3e série.    50 VOLUMES (160 pages)

| Broché, couverture en couleurs . . . . . | 1 15 | » 69 |
|---|---|---|
| Riche cartonnage, imit. de toile, tr. jaspée. | 1 50 | » 90 |
| Riche cartonnage, imit. de toile, tr. dorée. | 1 70 | 1 02 |

### Nouvelle collection grand in-8°, 4e série.    9 VOLUMES (144 pages)

| Broché, couverture en couleurs . . . . . | » 95 | » 57 |
|---|---|---|
| Riche cartonnage, imit. de toile, tr. jaspée. . | 1 25 | » 75 |
| Riche cartonnage, imit. de toile, tr. dorée . . | 1 45 | » 87 |

### Petit in-8°, série illustrée.    8 VOLUMES (216 pages)

| Broché. . . . . . . . . . . . . . | » 85 | » 51 |
|---|---|---|
| Cartonnage, imitation de toile, tr. jaspée . . | 1 05 | » 63 |
| Cartonnage, imitation de toile, tr. dorée. . . | 1 25 | » 75 |

---

BIBLIOTHÈQUE

# DE LA JEUNESSE CHRÉTIENNE

### Grand in-8°, classes supérieures.    14 VOLUMES (368 pages)

| Broché, couverture en couleurs. . . . . . | 3 50 | 2 10 |
|---|---|---|
| Percaline, reliure de bibliothèque, tr. jaspée. . | 5 » | 3 » |

### In-8°, 2e série.    54 VOLUMES (240 pages)

| Broché, couverture en couleurs . . . . . | 1 » | » 60 |
|---|---|---|
| Riche cartonnage, imit. de toile, tr. jaspée. . | 1 35 | » 81 |
| Riche cartonnage, imit. de toile, tr. dorée. . | 1 60 | » 96 |
| Percaline, dorure sur plat, tranche dorée . . | 2 20 | 1 32 |

### In-8°, 3e série.    54 VOLUMES (192 pages)

| Broché, couverture en couleurs. . . . . . | » 75 | » 45 |
|---|---|---|
| Riche cartonnage, imit. de toile, tr. jaspée. . | 1 » | » 60 |
| Riche cartonnage, imit. de toile, tr. dorée. . | 1 25 | » 75 |

### In-8°, 4e série.    42 VOLUMES (168 pages)

| Broché. . . . . . . . . . . . . | » 65 | » 39 |
|---|---|---|
| Riche cartonnage, imit. de toile, tr. jaspée. . | » 80 | » 48 |
| Riche cartonnage, imit. de toile, tr. dorée. . | 1 05 | » 63 |

### Petit in-8°, 1re série.    45 VOLUMES (144 pages)

| Broché. . . . . . . . . . . . . . . | » 50 | » 30 |
|---|---|---|
| Riche cartonn., chromo avec reliefs, tr. blanche. | » 65 | » 39 |
| Riche cartonnage, imit. de toile, tr. jaspée. . | » 65 | » 39 |
| Riche cartonnage, imit. de toile, tr. dorée. . | » 90 | » 54 |

**Petit in-8°, 2ᵉ série.**   42 VOLUMES (96 pages)

|  | Prix du Catalog. | Net avec 13° |
|---|---|---|
| Riche cart., imit. de toile, or et noir, tr. jaspée. | » 50 | » 30 |
| Riche cart., chromo avec reliefs, tr. blanche. | » 50 | » 30 |

**In-12, 1ʳᵉ et 2ᵉ série.**   27 VOLUMES (288 pages)

| | | |
|---|---|---|
| Broché, couverture en couleurs . . . . . | 1 » | » 60 |
| Riche cartonnage, imitation de toile, tr. jaspée. | 1 20 | » 70 |
| Percaline gaufrée, dorure sur plat, tr. jaspée. | 1 50 | » 90 |
| Percaline gaufrée, riche écusson, tr. dorée. . | 1 90 | 1 10 |

**In-12, 3ᵉ série.**   38 VOLUMES (216 et 180 pages)

| | | |
|---|---|---|
| Broché. . . . . . . . . . . . . . | » 45 | » 27 |
| Riche cartonnage, imit. de toile, tr. jaspée. . | » 60 | » 36 |
| Riche cartonnage, imit. de toile, tr. dorée . . | » 75 | » 45 |

**In-12, 4ᵉ série.**   38 VOLUMES (144 pages)

| | | |
|---|---|---|
| Broché. . . . . . . . . . . . . . | » 35 | » 21 |
| Riche cartonnage, imit. de toile, tr. jaspée. . | » 45 | » 27 |
| Riche cart., chromo avec reliefs, tr. blanche. . | » 45 | » 27 |
| Riche cartonnage, imit. de toile, tr. dorée. . | » 60 | » 36 |

**In-12, 5ᵉ série.**   55 VOLUMES (108 pages)

| | | |
|---|---|---|
| Broché. . . . . . . . . . . . . . | » 25 | » 15 |
| Riche cartonnage, imitation de toile, tranche jaspée. . . . . . . . . . . . . | » 40 | » 24 |
| Riche cartonnage, chromo, tranche blanche. | » 40 | » 24 |

**In-12, 6ᵉ série, pour le jeune âge.**   41 VOLUMES (72 pages)

| | | |
|---|---|---|
| Cartonnage, imitation de toile, tr. jaspée. . . | » 30 | » 18 |

**Petit in-12.**   38 VOLUMES (72 pages)

| | | |
|---|---|---|
| Riche cart., imit. de toile, tr. jaspée. . . . | » 25 | 15 » |
| Riche cart., chromo, tr. blanche. . . . . | » 25 | 15 » |

**In-18.**   37 VOLUMES (72 pages)

| | | |
|---|---|---|
| Riche cart., imit. de toile, or et noir, tr. jaspée. | » 22 | 13 20 |
| Riche cart., chromo, tr. blanche. . . . . | » 22 | 13 20 |

---

BIBLIOTHÈQUE

# DE L'ENFANCE CHRÉTIENNE

### ENCOURAGEMENT ET RÉCOMPENSES

**50 VOLUMES**

| | | |
|---|---|---|
| Piqué-rogné, la collection. . . . . . . . . . . | 3 | » |
| le cent, *net* . . . . . . . . . . . | 4 | » |

# BIBLIOTHÈQUE DES PETITS ENFANTS

**In-32 jésus, 1re série.**    30 VOLUMES (64 pages)

|  | Prix du Catalog. | Net avec 13e |
|---|---|---|
| Riche cartonnage, imit. toile | » 20 | » 11 |
| Riche cartonnage, chromo | » 20 | » 11 |

**In-32 carré, 2e série.**    20 VOLUMES (64 pages)

| | | |
|---|---|---|
| Riche cartonnage, chromo | » 15 | » 09 |
| Riche cartonnage, imit. toile | » 15 | » 09 |

# BIBLIOTHÈQUE PIEUSE

**Grand in-32, 1re série**    30 VOLUMES

| | | |
|---|---|---|
| Broché, couverture imprimée | » 45 | » 20 |
| Imitation basane noire, tranche rouge | » 60 | » 30 |
| Percaline gaufrée, tranche rouge | » 65 | » 35 |
| Reliure anglaise, basane gaufrée à froid, tranche marbrée. | » 75 | » 45 |
| Reliure anglaise, basane, ornements à froid, tranche dorée. | 1 » | » 60 |
| Basane grenat, reliefs, tranche dorée. | 1 10 | » 65 |
| Chagrin gaufré à froid, tranche dorée | 1 90 | 1 15 |

**Petit in-32, 2e série**    12 VOLUMES

| | | |
|---|---|---|
| Imitation basane, tranche rouge | » 45 | » 20 |
| Reliure anglaise, basane gaufrée à froid, tranche marbrée. | » 50 | » 30 |
| Reliure anglaise, basane, ornements à froid, tranche dorée. | » 75 | » 45 |

**In-18, 3e série**    9 VOLUMES

| | | |
|---|---|---|
| Broché. | » 30 | » 15 |
| Riche cartonnage, imitation de toile | » 40 | » 22 |

# BIBLIOTHÈQUE DES ENFANTS PIEUX
## 50 VIES DE SAINTS ET DE SAINTES

| | |
|---|---|
| Piqué-rogné, la collection | 3 |
| le cent, *net* | 4 |

26906. — Tours, impr. MAME.

ALFRED MAME ET FILS, ÉDITEURS

**A TOURS**

## LIVRES POUR DISTRIBUTIONS DE PRIX

### 1897

# NOUVELLES PUBLICATIONS

## LIVRES ILLUSTRÉS POUR LA JEUNESSE

### FORMAT PETIT IN-FOLIO

PAGE 14 DU CATALOGUE — **1** VOLUME NOUVEAU

**L'Armée en France et à l'étranger**, par le commandant Picard, 20 sujets hors texte en couleurs et 150 gravures sur bois.

A notre époque de militarisme à outrance, il n'est pas un patriote, — et tout le monde en France, n'est-il pas vrai? est patriote, — qui ne recherche avec avidité tous les renseignements qui peuvent l'éclairer sur les forces respectives des armées européennes. C'est à cette curiosité, disons plus, c'est à ce besoin que répond le livre du commandant Picard. Écrit par un homme d'une rare compétence technique, cet ouvrage établit en quelque sorte le bilan militaire des nations contemporaines. Rien n'échappe à l'impartiale sagacité de l'auteur, ni les plus récentes modifications de l'armement, ni les différences de tempéraments des peuples. En somme, cet ouvrage éclaircit singulièrement le mystérieux problème de notre avenir national.

---

## BIBLIOTHÈQUE ILLUSTRÉE

### FORMAT IN-4° — 1re SÉRIE

PAGE **14** DU CATALOGUE — **1** VOLUME NOUVEAU

**La Marine d'autrefois**, par Georges Contesse; 80 gravures.

Une intéressante préface, due à la plume savante et toujours alerte du vice-amiral Miot, précède l'ouvrage.

La *Marine d'autrefois* est une étude très documentée mais aussi très pittoresque de l'organisation navale, depuis l'antiquité jusqu'au commencement du xixe siècle. On y voit triompher l'aviron de la galère et la poétique voilure des hauts bords.

L'auteur s'adresse en homme de métier aux gens du monde, qui maintenant veulent qu'on leur présente des marins *nature*, avec du goudron aux mains, du sel sur la peau, maniant rudement des choses brutales au milieu des embruns de la tempête et des hurlements du combat.

Il n'y a pas une seule page de ce livre réconfortant qui ne soit écrite sans avoir la sublimité de l'Océan sous les yeux et le culte du pavillon dans le cœur.

## FORMAT IN-4° — 2ᵉ SÉRIE

### PAGE 16 DU CATALOGUE — 1 VOLUME NOUVEAU

**Pour la Patrie**, par Paul Verdun ; 30 gravures d'après Zier.

Assurer la supériorité de la France lors de ses luttes futures contre ses ennemis, lui rendre l'Alsace et la Lorraine, en mettant à la disposition de ses généraux une machine de guerre capable de voler à travers les airs pendant cinquante kilomètres, et de réduire en miettes une flotte, une armée ou une ville tout entière : tel est le problème qu'un inventeur patriote, Étienne Rochemaure, a résolu scientifiquement par la *Dévastation* et la *Stéphanite*. Il va doter la France de ce gage de victoire, lorsqu'un espion allemand, allié à un sans-patrie, se jette perfidement à la traverse de ses projets. Entre ces deux individus, bien dignes de se comprendre, et l'inventeur patriote, secondé puis remplacé par son fils Emmanuel, commence une lutte acharnée où, d'un côté, sont employées toutes les habiletés de l'espionnage et de la mauvaise foi, et de l'autre, toutes les ressources du patriotisme et de la science.

Belle-Isle, Saint-Cloud, Fontainebleau, le Palais de Justice de Paris, la Conciergerie, la Cour d'assises, une forêt en feu traversée à toute vitesse de pédale, une maison du boulevard Saint-Germain bouleversée par l'explosion d'une bombe : tels sont les tableaux au milieu desquels se déroulent les péripéties émotionnantes de ce drame captivant que domine l'exemple de Jeanne d'Arc, que souligne une touchante histoire intime et qu'anime d'un souffle généreux cette grande pensée : « Vivre et, s'il le faut, mourir pour la Patrie ! »

---

# BIBLIOTHÈQUE DES FAMILLES

## ET DES MAISONS D'ÉDUCATION

## 1ʳᵉ SÉRIE GRAND IN-8°

### PAGE 17 DU CATALOGUE — 4 VOLUMES NOUVEAUX

**La Caravane de la mort**, Souvenirs de voyages, par Karl May ; traduit de l'allemand par J. de Rochay ; 15 gravures.

**Fleurs de Lorraine**, par Jean Tincey ; 25 gravures.

Ces « fleurs de Lorraine » sont de nobles âmes épanouies sur ce sol qui a donné tant de dévouements et d'héroïsmes à la France. En ce roman le lecteur trouvera le récit de merveilleuses aventures dont le cadre est successivement Domremy, Chinon, Reims, et dont Jeanne d'Arc est un des héros principaux. C'en est assez pour éveiller la curiosité, et concilier à ce bon livre la sympathie de tous.

**Le plus fort**, par Champol ; 25 gravures.

Le romancier met deux héros en présence : une jeune fille orgueilleuse de sa race et de son nom, et un jeune homme plein de douceur et de charité. Lequel sera le plus fort ? Celui-ci avec son inaltérable mansuétude, ou celle-ci avec son insupportable orgueil ? Il est facile de prévoir le dénouement : c'est la patience qui l'emportera, et la jeune fille, subjuguée par la générosité et par la grandeur d'âme de son adversaire, répare ses torts en l'épousant. Ce récit, très intéressant et même très touchant par moments, enlevé d'une plume leste et exercée, laisse au lecteur une impression douce et salutaire.

**Le Roi des requins,** suivi de : UN BRELAN AMÉRICAIN, — L'ANAIA DU BRIGAND, par Karl May; traduit de l'allemand par J. de Rochay; 15 gravures sur bois d'après Férat et Mouchot.

## 2e SÉRIE GRAND IN-8º

PAGE 19 DU CATALOGUE — 4 VOLUMES NOUVEAUX

**Aux Pyrénées et aux Alpes,** Voyages de vacances, par M. l'abbé Victor Martin; 17 gravures.

Ce sont des voyages de vacances que raconte M. l'abbé Martin. Le premier de ces voyages s'accomplit dans les Pyrénées. Quatre touristes partent de Bagnères, se rendent au lac Bleu, gravissent le pic du Midi, descendent à Barèges, vont de là au cirque de Gavarnie, traversent le Coumélie et se rendent en pèlerinage à Notre-Dame d'Iléas. Les mêmes personnages se retrouvent l'année suivante à Genève, d'où ils partent pour visiter la Savoie. Chaque étape fournit à l'auteur un contingent de faits, d'incidents, d'observations, qu'il s'empresse de noter d'un style alerte et poétique.

**Le Dernier des Mohicans,** de Fenimore Cooper. Adaptation et réduction à l'usage de la jeunesse, par A.-J. Hubert; 24 gravures sur bois.

**Le Tueur de daims,** de Fenimore Cooper. Adaptation et réduction à l'usage de la jeunesse, par A.-J. Hubert; 24 gravures sur bois d'après Brun, Clair-Guyot et Zier.

**Une Tournée pastorale en Norvège,** par Mgr Fallize, évêque d'Elusa et vicaire apostolique de la Norvège; 71 gravures.

Cette tournée pastorale effectuée sur un territoire peu connu et d'une très grand. étendue est intéressante à bien des titres. Chemin faisant, l'intrépide missionnaire nous fait admirer les beautés naturelles de ce splendide pays; il nous initie aux mœurs des populations, à l'état de la religion dans ces contrées où le catholicisme a fait d'immenses progrès. Les chapitres consacrés à la Laponie sont d'un intérêt tout particulier, aussi bien au point de vue descriptif que comme étude de mœurs.

## 3e SÉRIE GRAND IN-8º

PAGE 21 DU CATALOGUE — 4 VOLUMES NOUVEAUX

**Brimborion,** Histoire d'un mousse, par Roger Dombre; 13 gravures.

Récit plein de vie et d'intérêt, écrit d'une plume élégante et facile, *Brimborion* passionnera tous les jeunes garçons.

**Douglas le Pirate,** traduit de l'anglais par Massé-Viollet; 24 grav.

Ainsi que l'indique le titre, *Douglas le Pirate* est une suite d'aventures maritimes. Nul doute que ce roman, très habilement adapté à notre langue, n'obtienne auprès du public français le grand succès qu'il a déjà conquis auprès du public anglais.

**Héros précoces,** par M<sup>me</sup> Marie de Grandmaison; 26 gravures.

Cet ouvrage, écrit par une personne qui connaît admirablement la jeunesse, est bien propre à réveiller chez nos garçons ces sentiments de patriotisme et de dévouement qui font l'homme de notre race.

**Le Robinson Russe,** par Marc Anfossi, officier de l'Instruction publique; 13 gravures.

Un jeune aéronaute de quinze ans aborde à une terre déserte qui fait partie des îles Aléoutiennes. C'est là qu'il trouve Ivanoff, le Robinson Russe, naufragé comme lui et qui. vit depuis un an dans une de ces îles inclémentes. Comment les deux abandonnés arrivent-ils à s'évader de cette prison? C'est ce qu'apprendront avec joie ceux qui auront entrepris la lecture de cet intéressant récit.

## 4<sup>e</sup> SÉRIE GRAND IN-8º

PAGE 23 DU CATALOGUE — 5 VOLUMES NOUVEAUX

**D'Alexandrie au Caire,** par Victor Fournel; 20 gravures.

Le nom seul de l'écrivain regretté auquel est due cette relation de voyage nous dispense de faire l'éloge d'un livre plein de verve pittoresque, d'humour et d'érudition.

**Les Douze César,** par Roger Dombre; 10 gravures.

Ces douze César sont les fils et les filles d'un brave pêcheur breton nommé César. Ils font la connaissance d'une pauvre petite fille dont un méchant homme, Almach, fait sa victime en la rudoyant de toutes les façons. La *Maigriotte,* c'est ainsi qu'on l'appelle, est en réalité la fille d'un riche explorateur. Grâce à un événement providentiel le méchant homme sera frustré des biens dérobés par lui. L'héritage de l'explorateur reviendra à sa fille, et désormais la Maigriotte et les César seront riches et heureux.

**Une Française chez les sauvages,** par M<sup>me</sup> Goussard de Mayolle; 10 gravures.

Le Nouveau-Mexique est un pays encore sauvage et peu connu des Européens. L'auteur de ce livre est certainement la seule femme de pays civilisé qui ait eu l'audace et l'énergie d'y pénétrer. Elle y a même séjourné plusieurs mois, et c'est le récit de ses observations et de ses souffrances qu'elle offre aujourd'hui au public sous une forme vivante et pittoresque, sans s'éloigner toutefois un seul moment de la vérité.

**Nouvelle patrie,** par Charles Vincent; 12 gravures par Gaston Lhuer.

Roman d'un jeune homme qui emploie ses loisirs et une grosse fortune à conquérir une terre nouvelle à sa patrie et à sa religion. Ce récit, d'une morale très élevée, est en même temps plein d'épisodes émouvants et dramatiques.

**Souvenirs de Corse,** par M<sup>me</sup> J. Beaulieu-Delbet; 12 gravures.

Ces souvenirs sont de simples récits de voyage écrits au jour le jour. Ils renferment des pages du plus saisissant intérêt, particulièrement celles qui ont rapport aux mœurs de la Corse, au banditisme et à la vendetta.

# BIBLIOTHÈQUE DE LA JEUNESSE CHRÉTIENNE

## NOUVELLE SÉRIE GRAND IN-8°

PAGE 24 DU CATALOGUE — 4 VOLUMES NOUVEAUX

**Le Cardinal Lavigerie et ses œuvres d'Afrique,** par l'abbé Félix Klein, professeur à l'Institut catholique de Paris.

Le sujet choisi, le nom de l'auteur, déjà si apprécié du public catholique, tout contribue à assurer le succès de cet ouvrage, le plus réconfortant et le plus consolant qu'on puisse offrir à des lecteurs chrétiens et français.

**Imitation de Jésus-Christ,** augmentée des réflexions, par Mgr Darboy. Très beau volume avec larges encadrements noirs.

**Nos Savants,** d'après leurs éloges académiques, par l'abbé Loridan; 30 gravures.

L'auteur a eu l'heureuse idée de refaire l'histoire du mouvement scientifique en notre siècle à l'aide des seuls éloges prononcés par Fontenelle et ses successeurs. Il sera facile de se convaincre une fois de plus, par cet ouvrage, que si un peu de science éloigne de Dieu, beaucoup de science y ramène.

**Jean de Joinville, Un Seigneur au XIIIe siècle,** par le R. P. Bouttié, de la Compagnie de Jésus; 23 gravures.

Ce livre, qui est une œuvre de réel mérite historique, nous met en plein moyen âge, à cette époque pleine de simplicité, de piété et d'héroïsme, qui pourrait bien être la meilleure dans l'histoire de l'humanité.

---

## 2e SÉRIE IN-8°

PAGE 25 DU CATALOGUE — 3 VOLUMES NOUVEAUX

**Les Convertis célèbres du siècle dans le sacerdoce,** par J. Argantel; 17 gravures.

Ce livre, à notre époque de scepticisme, arrive à son heure. Il nous montre, par d'éclatants exemples, que Dieu se manifeste aux esprits de ceux-là même qui n'ont pas notre croyance s'ils le cherchent avec une âme simple et avec une entière bonne foi.

**Mac Mahon,** le Chevalier sans peur et sans reproche, par Léon Laforge, membre de l'Académie d'Angers, de la Société d'histoire contemporaine de Paris, de la Société bibliographique; 16 gravures.

Ce livre est une véritable école de patriotisme chrétien, d'honneur français et de vertu militaire. Ajoutons que M. Laforge est un biographe très consciencieux et très documenté.

**Le Secret de feu Bernard,** par Arthur de Jancigny; 13 gravures.

Ce livre est le roman, bien écrit, moral, intéressant, de la vie d'un riche bourgeois au siècle dernier. L'attaque d'un château par une bande de brigands ajoute à ce récit une couleur tout à fait dramatique.

## 3ᵉ SÉRIE IN-8º

PAGE 27 DU CATALOGUE — 4 VOLUMES NOUVEAUX

**Au Pays des Woloffs,** Souvenirs d'un traitant du Sénégal, par Joseph du Sorbiers de la Tourrasse; 15 gravures.

Ces souvenirs sont tout à la fois une œuvre de science, de patriotisme et de religion trois choses qui, réunies dans un seul volume, lui donnent un mérite réel, et qu'on rencontre trop rarement à notre époque. Ajoutons que certains chapitres, publiés isolément dans quelques Revues littéraires, ont déjà reçu du public un accueil sympathique.

**Lili,** par Susanne de Cocquard; 13 gravures.

Histoire d'une petite fille depuis sa naissance jusqu'à sa sortie de pension. L'auteur connaît et aime l'enfance; ce sont là deux conditions excellentes pour savoir l'intéresser.

**Sur la route du pôle,** par Léo Dex; 13 gravures.

Un intrépide aéronaute s'embarque sur un ballon pour l'exploration du pôle Nord, et M. Léo Dex nous raconte, dans un dramatique récit, ses dangers et ses découvertes. Le lecteur trouvera en outre dans cette relation un résumé de l'histoire des ballons et des tentatives de navigation aérienne, des notions géographiques sur le Groënland et les mers polaires, et de nombreux détails sur les plus célèbres expéditions au pôle Nord. C'est en somme un livre de délassement éminemment instructif.

**Une Histoire de cirque,** par Mᵐᵉ la comtesse André de Beaumont; 13 gravures.

Ce livre est l'histoire d'une pauvre fille de cirque dont le père s'en va de ville en ville donner des représentations. Ce petit roman est extrêmement intéressant par la description qu'il donne des mœurs de ces nomades qu'on croit souvent beaucoup plus mauvais qu'ils ne sont.

## 4ᵉ SÉRIE IN-8º

PAGE 29 DU CATALOGUE — 4 VOLUMES NOUVEAUX

**L'Allemagne française,** par M. l'abbé Lucien Vigneron; 10 gravures.

Récits d'excursions à travers le Luxembourg français, écrits d'une plume alerte et pittoresque.

**L'Arc-en-ciel,** suivi de : DEUX FLEURS, — LE PAVOT BLEU, — LE LIEDER DU CIEL, — LE VERNIS DES AMATI, — LES ROSES DE PROVINS, — LA CHANSON DE NUIT DU VOYAGEUR, — LA DENTELLE DES SIRÈNES, par Mᵐᵉ Julie Lavergne; 10 gravures.

**Daniel Bontout,** par MM. Albert Rénouf, ancien élève de l'École normale supérieure, ancien professeur de l'Université, et Victor Coupin, auteur de divers ouvrages d'éducation.

Daniel Bontoux est un enfant de onze ans, qui, le jour de l'enterrement de son père, pauvre poète au génie méconnu, prend la résolution de venir en aide à sa mère restée sans ressources. Et le pauvre enfant arrive à s'acquitter de sa mission à force d'intelligence et de courage.

**Fleurs de France,** Chroniques et légendes, par Mᵐᵉ Julie O. Lavergne; 10 gravures.

## 1re SÉRIE PETIT IN-8°

PAGE 30 DU CATALOGUE — **3** VOLUMES NOUVEAUX

**Les Brigands de Marathon,** par E. Watbled; 10 gravures.

Ce livre est l'histoire véridique de quatre Anglais enlevés par une bande de brigands, et pour le rachat desquels le gouvernement emploie en vain toutes les ressources de la diplomatie la plus délicate. On se décide enfin à attaquer les malfaiteurs, mais trop tard; car ils ont eu le temps de mettre à mort leurs prisonniers. Ce récit, très exact, est puisé presque entièrement dans les documents officiels de l'époque et dans la correspondance des victimes.

**Le Savant à l'école,** suivi de : MADAME GUIMAUVE, — LA CLOCHE, — LE PREMIER VOYAGE D'HERMANN TROTTER, — SONATE EN UT MINEUR, — LE CHÊNE DE ROCHEBOISE, par Julie Lavergne; 10 gravures.

**Tatiana Doukof,** par Marthe Bertin; 9 gravures.

Roman franco-russe dont la lecture est pleine de charme et d'intérêt. Il s'agit d'une jeune fille adoptive, qui a caressé longtemps les rêves les plus brillants d'un avenir mondain, et que la mort subite de sa bienfaitrice et d'autres revers obligent à retourner vivre de la vie des champs. Ce changement est supporté avec une résignation d'une véritable grandeur.

## 2e SÉRIE PETIT IN-8°

PAGE 32 DU CATALOGUE — **3** VOLUMES NOUVEAUX

**Baptême de feu,** par Louise Mussat; 6 gravures.

C'est l'histoire d'un enfant gâté qui forfait à l'honneur, de telle sorte que le baptême du feu est nécessaire pour le réhabiliter.

**Huit jours de liberté,** par Etienne Lenclos; 6 gravures.

**La Jeune artiste en fleurs,** par Stéphane; 5 gravures.

Charmante nouvelle qui fera les délices des jeunes filles.

## 3e SÉRIE IN-12

PAGE 34 DU CATALOGUE — **3** VOLUMES NOUVEAUX

**Bienheureux Jean-Gabriel Perboyre** (VIE ET MARTYRE DU), prêtre de la Congrégation de la mission Saint-Lazare, mort pour la foi en Chine, par Joseph Boucard; 1 gravure.

**La Terre Sainte,** Souvenirs et impressions, par M. l'abbé Rampillou; 12 gravures.

**Le Vénérable Jean-Marie-Baptiste Vianney,** curé d'Ars, par A. Jeanniard du Dot; 1 gravure

## 4ᵉ SÉRIE IN-12

PAGE 36 DU CATALOGUE — **2** VOLUMES NOUVEAUX

**Ensevelis sous la neige,** traduit de l'anglais, par M. R. V.; 7 grav.

**La Juive de Gibraltar,** Récit historique, par le R. P. Muinez, de l'ordre des Augustins; traduit de l'espagnol, avec l'autorisation de l'auteur, par Albert Larthe; 9 gravures.

## 5ᵉ SÉRIE IN-12

PAGE 37 DU CATALOGUE — **2** VOLUMES NOUVEAUX

**Les Amis de Michel,** par M. Maisonneuve; 6 gravures.

**Le Poids d'un mensonge,** par A. Alhix; 20 gravures.

## 6ᵉ SÉRIE IN-12

PAGE 39 DU CATALOGUE — **2** VOLUMES NOUVEAUX

**L'Ami de Toti,** par M.-A. Alhix; 9 gravures.

**Les Sabots de Marie-Anne,** Légendes bretonnes, par Mᵐᵉ Vattier; 5 gravures.

## FORMAT PETIT IN-12

PAGE 40 DU CATALOGUE — **2** VOLUMES NOUVEAUX

**La Femme intrépide,** suivi de plusieurs contes; traduit de l'allemand par M. l'abbé Gobat; 5 gravures.

**Le Noël de José,** par M.-A. Alhix; 11 gravures.

## FORMAT IN-18

PAGE 42 DU CATALOGUE — **2** VOLUMES NOUVEAUX

**Les Débuts de Gros Jeannot,** par M.-A. Alhix; 5 gravures.

**Une Vilaine habitude,** par M. Maisonneuve; 5 gravures.

# MODIFICATIONS

## INTRODUITES

# DANS LE CATALOGUE GÉNÉRAL

## DE JANVIER 1897

En outre des reliures indiquées au présent catalogue, nos représentants seront porteurs de divers échantillons de reliures riches que nous ferons exécuter sur la demande de nos correspondants.

# NOUVELLES GRANDES PUBLICATIONS ILLUSTRÉES

## LA VIE
# DE N.-S. JÉSUS-CHRIST
### D'APRÈS LES QUATRE ÉVANGILES
### AVEC DES NOTES ET DES DESSINS EXPLICATIFS
## PAR J.-JAMES TISSOT

L'ouvrage se compose de deux volumes, comprenant environ 600 pages, illustrées de **365** aquarelles de Tissot, et d'environ **150** croquis et dessins explicatifs (têtes de caractère, costumes, paysages d'après nature), frises, lettres ornées et culs-de-lampe, composés par l'artiste lui-même.

Parmi les **365** aquarelles, toutes reproduites en couleur d'après des procédés nouveaux donnant les fac-similé absolus des originaux, par les imprimeries Lemercier, **329** sont tirées dans le texte, **36** hors texte, dont **16** tirées en taille-douce, encrées à la poupée.

Le texte, composé en caractères elzéviriens fondus spécialement par la maison Turlot, de Paris, avec les dessins explicatifs et ornements tous gravés sur bois, est tiré typographiquement sur les presses de l'imprimerie Mame.

Chaque exemplaire sera numéroté, timbré par le Cercle de la librairie, et portera le nom du souscripteur.

### JUSTIFICATION DU TIRAGE

Nᵒˢ **1** à **20**, sur papier des manufactures impériales du Japon, contenant Une aquarelle originale de Tissot, dessinée spécialement pour l'ouvrage ; un éta en taille-douce camaïeu de tous les hors texte, avant la lettre, un état en poupée de tous les hors texte, avant la lettre, le tout sur Japon. Un état avec lettre terminé de tous les hors texte, sur papier à la cuve et vélin du Marais. Une épreuve en héliogravure de toutes les compositions en couleur du texte, tirée spécialement en différentes teintes, suivant le sujet, sur papier à la cuve du Marais. Prix (Souscrits). . . . . . . . . . . . . . . . . . **5000 francs.**

Nᵒˢ **21** à **1000**, sur grand vélin des papeteries du Marais, contenant un état avant la lettre de tous les sujets hors texte, en héliogravure camaïeu. Toutes les épreuves en héliogravure (état camaïeu et poupée) sont tirées sur grand vélin à la cuve du Marais, avec filigrane spécial (grappe de raisin). Prix. **1 500 francs·**

**Le premier volume est en vente ; le deuxième paraîtra dans le courant de 1897**

# LA TUNISIE

PAR

GASTON VUILLIER

---

## UN VOLUME PETIT IN-FOLIO

**Orné de quatre gravures hors texte en couleurs et de 80 gravures noires dans le texte et hors texte.**

Broché, couverture chromo. . . . . . . . . . . . . . . . . . . **15** »
Cartonné, dos en percaline, couverture en chromo, tête dorée. **20** »

---

# FABLES DE LA FONTAINE

*Illustrées par VIMAR*

---

**19 planches hors texte en couleurs, 50 sujets en camaïeu
246 sujets dans le texte. — Un volume petit in-folio.**

Broché, couverture en chromo. . . . . . . . . . . . . . . . **15** »
Cartonné, dos en percaline, couverture en chromo, tr. dorée. **20** »

REMISE DE 33 % ET TREIZIÈME SUR LES DEUX OUVRAGES CI-DESSUS

---

# L'ARMÉE

## EN FRANCE ET A L'ÉTRANGER

PAR

LE COMMANDANT PICARD

---

### UN VOLUME PETIT IN-FOLIO

*Orné de 20 sujets hors texte en couleurs et de 150 gravures sur bois.*

Broché. . . . . . . . . . . . . . . . . . . . . . . . . . . . **12** »
Percaline, plaque or et couleurs, tranche dorée . . . . . . . **15** »

REMISE DE 40 % ET TREIZIÈME

# NOS GLOIRES MILITAIRES

Par DICK DE LONLAY, auteur de *Français et Allemands*. Un volume petit in-4°,
orné de 280 gravures.

# LE VIEUX PARIS

## FÊTES, JEUX ET SPECTACLES

Par VICTOR FOURNEL. Un volume petit in-4°, orné de 165 gravures.

# LES MAITRES ITALIENS

## EN ITALIE

Par JULES LEVALLOIS, lauréat de l'Académie française. Un volume petit in-4°,
illustré de 92 gravures.

# LES ARTISTES FRANÇAIS

## CONTEMPORAINS

### PEINTRES — SCULPTEURS

Par V. FOURNEL. Un volume petit in-4°, illustré de 10 gravures à l'eau-forte
et de 176 gravures sur bois.

# HISTOIRE

DE

# LA VERRERIE ET DE L'ÉMAILLERIE

Par ÉDOUARD GARNIER, auteur de l'*Histoire de la Céramique*, ancien attaché
à la conservation du musée de Sèvres (1871-1879), secrétaire de la section de
céramique au musée des Arts décoratifs, attaché à la direction des B aux Arts.
Un volume petit in-4°, orné de 119 gravures et de 4 chromolithographies.

### PRIX DE CHACUN DES CINQ OUVRAGES CI-DESSUS :

Broché. . . . . . . . . . . . . . . . . . . . . . . . . . . . . . . . . . . . .   15   »
Richement cartonné en percaline, ornem. en noir et or, tr. dorée.   20   »
Demi-reliure, dos en chagrin doré, tranche dorée. . . . . . . .   20   »
Demi-rel. d'amateur, dos et coins en maroquin poli  tête dorée.   25   »

Il a été tiré de l'HISTOIRE DE LA VERRERIE 120 exemplaires d'amateur, numérotés, ainsi répartis :

65 sur papier de Hollande. . . . . . .   20   »
20 sur papier Whatman. . . . . . . .   30   »
15 sur papier de Chine. . . . . . . .   35   »
20 sur papier du Japon . . . . . . .   40   »

REMISE DE 50 % ET TREIZIÈME

# CLOVIS

Par Godefroid KURTH. Magnifique volume grand in-4°, orné de 8 compositions hors texte en héliogravure d'après les dessins de CORMON, FLAMENG, GUILLONNET, LUMINAIS, A. MAIGNAN, ROCHEGROSSE; et de 180 gravures sur bois.

# SAINTE ÉLISABETH DE HONGRIE

Par le comte de MONTALEMBERT, de l'Académie française, avec une préface par Léon GAUTIER. Un volume petit in-4°, orné d'une chromolithographie, de vingt-huit grandes gravures, et d'environ cent trente dessins dans le texte.

# CHARLEMAGNE

Par ALPHONSE VÉTAULT, avec une introduction par Léon GAUTIER et des éclaircissements par MM. Anatole de BARTHÉLEMY, G. DEMAY, A. LONGNON, etc. Un volume petit in-4°, ouvrage couronné en 1877 par l'Académie française. **Grand prix Gobert de 10 000 francs.** Orné de deux eaux-fortes, par Léopold FLAMENG (d'après LAMEIRE) et CHIFFLART, d'une chromolithographie, de quinze grandes gravures hors texte, d'une carte de l'empire de Charlemagne et d'environ cent vingt dessins dans le texte.

# SAINT MARTIN

Par A. LECOY DE LA MARCHE, professeur d'histoire à l'Institut catholique de Paris, lauréat de l'Académie des inscriptions et belles-lettres. Un volume petit in-4°, orné d'une chromolithographie, 24 grandes gravures hors texte, trois fac-similé et environ cent quarante gravures dans le texte.

# SAINT LOUIS

Par H. WALLON, secrétaire perpétuel de l'Académie des inscriptions et belles-lettres, doyen honoraire de la Faculté des lettres de Paris; suivi d'éclaircissements par MM. G. DEMAY, Anatole de BARTHÉLEMY, etc. Un volume petit in-4°, orné d'un frontispice en couleur et de 280 gravures sur bois. Nouvelle édition.

# JEANNE D'ARC

Par MARIUS SEPET, ancien élève pensionnaire de l'École des Chartes. Un volume petit in-4°, illustré de vingt-neuf compositions hors texte.

### PRIX DE CHACUN DES SIX OUVRAGES CI-DESSUS :

Broché . . . . . . . . . . . . . . . . . . . . . . . . . . . . . . . . . . . . . . . . . . .   **15** »
Richement cartonné en percaline, ornements en noir et or, ou or et couleur, tranche dorée. . . . . . . . . . . . . . . . . . . . . . . . . . . . . . . . .   **20** »
Demi-reliure, dos en chagrin doré, tranche dorée. . . . . . . . . . . . .   **20** »
Demi-reliure d'amateur, dos et coins en maroquin poli, tête dorée. . .   **25** »

**Il a été tiré de JEANNE D'ARC 150 exemplaires d'amateur, numérotés, ainsi répartis :**

65 sur papier de Hollande .   **50** » | 15 sur papier de Chine. . .   **75** »
50 sur papier Whatman. . .   **60** » | 20 sur papier du Japon. . .   **100** »

REMISE DE 33 % ET TREIZIÈME

## ÉDITIONS D'AMATEURS SUR PAPIER DE HOLLANDE

(EXEMPLAIRES NUMÉROTÉS)

# SAINT MARTIN

PAR

## A. LECOY DE LA MARCHE

PROFESSEUR D'HISTOIRE A L'INSTITUT CATHOLIQUE DE PARIS, LAURÉAT DE L'ACADÉMIE DES INSCRIPTIONS
ET BELLES-LETTRES

### UN VOLUME PETIT IN-4°

PREMIÈRE ÉDITION

Six chromolithographies, d'après les aquarelles de MM. Olivier MERSON, DAMBOURGEZ et
TOUSSAINT; 24 grandes gravures hors texte, d'après les compositions originales de MM. Jo-
seph BLANC, J.-Émile LAFON et Olivier MERSON, et d'après les dessins de M. BOCOURT,
Mᵐᵉ DUPUY, MM. Édouard GARNIER, CLAUDIUS-LAVERGNE fils, PASQUIER et SELLIER;
trois fac-similé et environ cent quarante gravures dans le texte reproduisant les principaux
monuments consacrés au souvenir de saint Martin, etc., d'après les dessins de MM. CIAP-
PORI, Hubert CLERGET, FICHOT, GARCIA, Éd. GARNIER, GOSSELIN, MAHIEU, O. MERSON,
QUEYROY, SELLIER et TOUSSAINT.

# SAINTE ÉLISABETH DE HONGRIE

PAR

## LE COMTE DE MONTALEMBERT

DE L'ACADÉMIE FRANÇAISE

AVEC UNE PRÉFACE PAR LÉON GAUTIER

### UN VOLUME PETIT IN-4°

Édition ornée de huit chromolithographies; vingt-huit grandes gravures hors texte, d'après
BOCOURT, BUSNEL, Édouard GARNIER, LAVÉE, PASQUIER et SELLIER, et environ cent trente
dessins dans le texte, par Mᵉ DUPUY, MM. FICHOT, HUREL et TOUSSAINT.

# SAINT LOUIS

PAR

## H. WALLON

SECRÉTAIRE PERPÉTUEL DE L'ACADÉMIE DES INSCRIPTIONS ET BELLES-LETTRES
DOYEN DE LA FACULTÉ DES LETTRES DE PARIS

SUIVI D'ÉCLAIRCISSEMENTS PAR MM. G. DEMAY, ANATOLE DE BARTHÉLEMY, A. LONGNON, ETC.

### UN VOLUME PETIT IN-4°

Édition ornée de neuf chromolithographies; vingt-deux grandes gravures hors texte, d'après
BOCOURT, BUSNEL, CLAUDIUS-LAVERGNE fils, DUVIVIER, GARCIA, Éd. GARNIER, LAVÉE
et PASQUIER; trois fac-similés; quatre cartes en couleur, et environ deux cent soixante
dessins dans le texte, reproduisant tous les types de l'art au XIIIᵉ siècle, par DARDEL,
FICHOT, FESQUET, GARCIA, GARNIER, HUREL et TOUSSAINT.

**Prix de chacun des trois ouvrages ci-dessus : Broché, 25 fr.**

REMISE DE 33 %

# CHEFS-D'ŒUVRE

DE

# LA LANGUE FRANÇAISE

## AU XVII<sup>e</sup> SIÈCLE

Magnifiques éditions grand in-8° jésus, papier vélin ( tirages à petits nombres)

AVEC DES GRAVURES A L'EAU-FORTE PAR V. FOULQUIER

— — ▷—★—◁ · · · ·

**THÉATRE CHOISI DE CORNEILLE** : LE CID, — HORACE, — CINNA, — POLYEUCTE, — LE MENTEUR; 25 sujets et 1 portrait, gravés à l'eau-forte par V. FOULQUIER, compositions de BARRIAS et de V. FOULQUIER. Broché. (*Épuisé.*).  **30** »

**THÉATRE CHOISI DE MOLIÈRE** (tome premier) : LES PRÉCIEUSES RIDICULES, — L'ÉCOLE DES FEMMES, — LA CRITIQUE DE L'ÉCOLE DES FEMMES, — DON JUAN, — LE MISANTHROPE, — LE MÉDECIN MALGRÉ LUI, — LE TARTUFFE; 26 gravures. Broché  **35** »

**THÉATRE CHOISI DE MOLIÈRE** (tome second) : L'AVARE, — M. DE POURCEAUGNAC, · LE BOURGEOIS GENTILHOMME, — LES FOURBERIES DE SCAPIN, — LES FEMMES SAVANTES, — LE MALADE IMAGINAIRE; 24 gravures. Broché. (*Épuisé.*)  **35** »

**THÉATRE DE RACINE** (premier volume) : ANDROMAQUE, — LES PLAIDEURS, — BRITANNICUS, — BÉRÉNICE, — BAJAZET; 23 sujets et un portrait. Broché.  **30** »

**THÉATRE DE RACINE** (second volume) : MITHRIDATE, — IPHIGÉNIE, — PHÈDRE, — ESTHER, — ATHALIE; 24 gravures. Broché.  **30** »

**FABLES DE LA FONTAINE**; 51 grav. Un vol., broché.  **40** »

**ŒUVRES POÉTIQUES DE BOILEAU**; 21 grav. Un vol., broché.  **40** »

**LES CARACTÈRES DE LA BRUYÈRE**; 18 grav. Un vol., broché  **30** »

**BOSSUET. — DISCOURS SUR L'HISTOIRE UNIVERSELLE**; 4 grav. Un volume broché.  **20** »

— **LES ORAISONS FUNÈBRES**, suivies du Sermon pour la profession de M<sup>lle</sup> de la Vallière, du Panégyrique de saint Paul et du Sermon sur la vocation des Gentils; 7 grav. Un vol., broché.  **20** »

**PENSÉES DE PASCAL SUR LA RELIGION**, publiées d'après le texte authentique et le seul vrai plan de l'auteur, avec des notes philosophiques et théologiques, et une notice biographique, par Victor ROCHER, chanoine d'Orléans. Un portrait à l'eau-forte. Broché.  **20** »

**LETTRES CHOISIES DE M<sup>me</sup> DE SÉVIGNÉ**; 18 grav. Un vol., broché.  **30** »

**AVENTURES DE TÉLÉMAQUE**, suivies des **Aventures d'Aristonoüs**, par Fénelon; 14 grav. Un vol., broché.  **25** »

REMISE DE 50 % SUR CHAQUE OUVRAGE

### Prix des reliures, avec remise de 25 % :

Demi-reliure, dos en chagrin doré, plats en papier, tranche dorée.  **6** »
Demi-reliure d'amateur, dos et coins en maroquin rouge, poli, plats en papier, doré en tête.  **12** »

Il reste quelques exemplaires papier de Hollande des ouvrages ci-après :

| | | | |
|---|---|---|---|
| *Lettres choisies de M<sup>me</sup> de Sévigné.* — Broché. **60** » | *Théâtre de Racine* (1<sup>er</sup> volume). — Broché. **60** » |
| *Pensées de Pascal.* — Broché. **40** » | — — (2<sup>e</sup> volume). — Broché. **60** » |
| *Aventures de Télémaque.* — Broché. **50** » | *Théâtre choisi de Molière* (tome I). — Broché. **70** » |

**Pour faciliter à nos clients la vente des ouvrages ci-dessus comme prix d'honneur dans les distributions de prix, nous mettons à leur disposition des exemplaires reliés dans ce but (demi-chagrin, plats en toile, tranche dorée), que nous pourrons leur fournir au prix des volumes brochés.**

# LA CHANSON DE ROLAND

Texte critique, accompagné d'une traduction nouvelle et précédé d'une Introduction historique, par Léon GAUTIER, membre de l'Institut, professeur à l'École des chartes ; avec douze magnifiques eaux-fortes, par CHIFFLART et V. FOULQUIER, et un fac-similé.

UN VOLUME GRAND IN-8° JÉSUS. — PRIX, BROCHÉ : 40 FR.

Tirage sur papier de Hollande, 300 exemplaires numérotés. — Prix, broché : 80 fr.

## SECONDE PARTIE

Contenant les notes et variantes, le glossaire et la table, avec une carte géographique et quinze gravures sur bois intercalées dans le texte.

UN VOLUME GRAND IN-8° JÉSUS. — PRIX, BROCHÉ : 20 FR.

Tirage sur papier de Hollande, 300 exemplaires numérotés. — Prix, broché : 40 fr.

REMISE DE 50 % SUR CHACUN DE CES DEUX VOLUMES

Mêmes reliures que les *Chefs-d'œuvre de la Langue française* (page 7).

---

# LE BIENHEUREUX J.-B. DE LA SALLE

FONDATEUR DE L'INSTITUT DES FRÈRES DES ÉCOLES CHRÉTIENNES

PAR

## ARMAND RAVELET

INTRODUCTION PAR M<sup>gr</sup> D'HULST

Un volume petit in-4° de 700 pages, orné de trente-cinq grandes compositions hors texte, d'après les dessins de CHARLES MULLER, DETAILLE, LUMINAIS, ALBERT MAIGNAN, PAUL FLANDRIN, HANOTEAU, LANEIRE, KRUG, MOUCHOT, CHAUVIN, LIX, etc., et de 250 gravures intercalées dans le texte, d'après les dessins de P. SELLIER, ÉDOUARD GARNIER, TOUSSAINT, CHARLES FICHOT, FERDINANDUS, etc.

Broché. . . . . . . . . . . . . . . . . . . . . . . . . . . . . . . . . . . . . . **25** »
Relié, plats en toile avec riches ornem. or et noir, dos en chagrin,
    tranche dorée. . . . . . . . . . . . . . . . . . . . . . . . . . . . . . . **35** »
Demi-reliure d'amateur, dos et coins en maroquin du Levant poli,
    fers spéciaux, tranche dorée en tête. . . . . . . . . . . . . . . **35** »

REMISE DE 50 % ET TREIZIÈME

---

# L'ÉVANGILE

ÉTUDES ICONOGRAPHIQUES ET ARCHÉOLOGIQUES, par CH. ROHAULT DE FLEURY, auteur du *Mémoire sur les Instruments de la Passion*. Deux splendides vol. grand in-4°, imprimés avec luxe sur très beau papier vélin, ornés de cent magnifiques gravures sur acier et de nombreuses vignettes dans le texte.

Riche cartonnage, toile rouge. . . . . . . . . . . . . **50** »

REMISE DE 25 %

# II

# ÉCONOMIE SOCIALE, HISTOIRE RELIGIEUSE
## MÉMOIRES

## OUVRAGES DE M. LE PLAY

**LA RÉFORME SOCIALE EN FRANCE,** déduite de l'observation comparée des peuples européens. — 7e édit.; trois vol. in-18 jésus. Prix, brochés : **6 fr.**

**L'ORGANISATION DU TRAVAIL,** selon la coutume des ateliers et la loi du Décalogue, avec un précis d'observations comparées sur la distinction du Bien et du Mal dans le régime du travail, les causes du mal actuel et les moyens de réforme, les objections et les réponses, les difficultés et les solutions.— Un volume in-18 jésus. Prix, broché : **2 fr.**

**L'ORGANISATION DE LA FAMILLE,** selon le vrai modèle, signalé par l'histoire de toutes les races et de tous les temps. — 2e édition, revue et corrigée. — Un volume in-18 jésus. Prix, broché : **2 fr.**

**LA CONSTITUTION DE L'ANGLETERRE,** considérée dans ses rapports avec la loi de Dieu et les coutumes de la Paix sociale, précédée d'aperçus sommaires sur la Nature du sol et l'Histoire de la race. — Deux vol. in-18 jésus. Prix, brochés : **4 fr.**

**LA PAIX SOCIALE APRÈS LE DÉSASTRE.** — Prix, broché : **60 c.**

**LA RÉFORME EN EUROPE ET LE SALUT DE LA FRANCE** (LE PROGRAMME DES UNIONS DE LA PAIX SOCIALE), avec une *Introduction* de M. H.-A. Munro Butler Johnstone, membre de la Chambre des communes d'Angleterre. — Prix, broché : **1 fr. 50.**

**LES OUVRIERS EUROPÉENS,** Études sur les travaux, la vie domestique et la condition morale des populations ouvrières de l'Europe; 2e édit., en 6 tomes in-8°. — Le tome premier contient le portrait de l'auteur, et une carte des cinquante-sept familles décrites dans l'ouvrage. — Chaque volume se vend séparément : **6 fr. 50.**

**LA MÉTHODE SOCIALE** (ABRÉGÉ DES OUVRIERS EUROPÉENS); ouvrage destiné aux classes dirigeantes, avec le portrait de l'auteur et la carte des cinquante-sept familles décrites dans l'ouvrage: *Les Ouvriers européens.* — Un volume in-8°. — Prix, broché : **6 fr. 50.**

**LA CONSTITUTION ESSENTIELLE DE L'HUMANITÉ,** exposé des principes et des coutumes qui créent la prospérité ou la souffrance des nations. — Prix, broché : **2 fr.**

REMISE DE 25 % ET TREIZIÈME SUR CES NEUF OUVRAGES

## OUVRAGES DE M. DE RIBBE

**LES FAMILLES ET LA SOCIÉTÉ EN FRANCE AVANT LA RÉVOLUTION.** — Deux volumes in-18 jésus. Prix, brochés : **4 fr.**

**UNE FAMILLE AU XVIe SIÈCLE,** d'après les documents originaux. Un volume in-18 jésus. Prix, broché, **2 fr.**

**LE LIVRE DE FAMILLE.** — Un vol. in-18 jésus. — Prix, broché : **2 fr.**

REMISE DE 25 % ET TREIZIÈME SUR CES TROIS OUVRAGES

## MANUEL D'ÉCONOMIE SOCIALE
Un volume in-12 (Voir page 149)

## LA ORGANISACIÓN DEL TRABAJO
Un volume in-12 (Voir page 97)

# LA JEUNESSE DE LÉON XIII
### D'APRÈS LA CORRESPONDANCE DE FAMILLE
## DE CARPINETO A BÉNÉVENT
### Par BOYER D'AGEN

UN VOLUME GRAND IN-8° DE 900 PAGES ENVIRON, ORNÉ DE NOMBREUSES GRAVURES D'APRÈS DES PHOTOGRAPHIES

Prix, broché : **10 fr.**

Il a été tiré un certain nombre d'exemplaires sur grand papier. — Prix : **20 fr.**

REMISE DE 33 % ET TREIZIÈME

# ŒUVRES POSTHUMES
# DU GÉNÉRAL TROCHU
## I. LE SIÈGE DE PARIS
## II. LA SOCIÉTÉ, L'ÉTAT, L'ARMÉE
*Suivi d'un Appendice :* **L'HISTOIRE ANECDOTIQUE**

Deux volumes grand in-8°. — Prix : **15 fr.**

Il a été tiré un certain nombre d'exemplaires sur grand papier. — Prix : **25 fr.**

REMISE DE 33 % ET TREIZIÈME

# PRÉCIS DE LA DOCTRINE CATHOLIQUE
### Par LE PÈRE WILMERS, S. J.
ANCIEN PRÉFET DES ÉTUDES A LA FACULTÉ DE THÉOLOGIE DE POITIERS

Un volume de 500 pages. — Prix, broché : **7 fr. 50**

Remise de 33 % et treizième.

# VIE DE M. DUPONT
### MORT EN ODEUR DE SAINTETÉ LE 18 MARS 1876

D'après ses écrits et autres documents authentiques, par M. l'abbé JANVIER, doyen du chapitre de l'église métropolitaine de Tours, prêtre de la Sainte-Face.

Deux volumes in-12. — Prix, brochés : **6 fr.**

REMISE DE 25 % ET TREIZIÈME

# LE CHRISTIANISME
### SES DOGMES ET SES PREUVES

Causeries théologiques dédiées aux gens du monde, par l'abbé VERGER, curé de Saint-Julien de Tours. Ouvrage approuvé par Mgr l'Archevêque de Tours.

Deux volumes in-12. — Prix, brochés : **6 francs.**

REMISE DE 25 % ET TREIZIÈME

# ŒUVRES PASTORALES DE M<sup>GR</sup> GUIBERT

## ARCHEVÊQUE DE PARIS

### CINQ VOLUMES GRAND IN-8°

Imprimés sur papier superfin et ornés d'un beau portrait à l'eau-forte par V. Foulquier.

Prix, brochés : 15 francs.

#### REMISE DE 25 % ET TREIZIÈME

---

## OUVRAGES DE M. FRANÇOIS DESCOSTES

# JOSEPH DE MAISTRE
## AVANT LA RÉVOLUTION

### SOUVENIRS DE LA SOCIÉTÉ D'AUTREFOIS
### 1753-1793

#### OUVRAGE COURONNÉ PAR L'ACADÉMIE FRANÇAISE

Deux volumes in-8°. -- Prix, brochés : 15 francs.

# JOSEPH DE MAISTRE
## PENDANT LA RÉVOLUTION

### 1789-1797

Un volume in-8°. — Prix, broché : 7 fr. 50.

Remise de 33 % sur ces deux ouvrages.

---

# TOURS CAPITALE
## LA DÉLÉGATION GOUVERNEMENTALE ET L'OCCUPATION PRUSSIENNE
### 1870-1871

### PAR M<sup>GR</sup> C. CHEVALIER
CAMÉRIER SECRET DE S. S. LÉON XIII, CLERC NATIONAL DE FRANCE

Un volume in-8°. — Prix, broché : 5 francs.

#### REMISE DE 33 % ET TREIZIÈME

# FORMAT IN-4º CARRÉ

(VOLUMES DE 150 A 175 PAGES, MESURANT 28 × 22)

**5 volumes dans la collection.**

★ **COINS DE PARIS** (LES), par Léo Claretie, 25 gravures.
★ **CONTES DE L'ÉPÉE** (LES), par Henry de Brisay, 20 gravures.
★ **STÉPHANETTE**, par René Bazin, 25 gravures.
**TRÉMOR AUX MAINS ROUGES**, par Henry de Brisay; 17 gravures.
**TROIS DISPARUS DU "SIRIUS"** (LES), par Georges Price; 32 gravures.

PRIX DE CHACUN DES CINQ VOLUMES CI-DESSUS

Relié en percaline rouge, plaque spéciale en or et noir, biseautée, tranche dorée.  5  »
**Remise de 33 %  et treizième.**

# ALPHABET DE L'ENFANT JÉSUS

Par M. l'abbé DE BELLUNE, chanoine de l'Église métropolitaine de Tours. Un
volume in-4º, orné de figures tirées en plusieurs couleurs; dessins de Carot,
gravés par Méaulle.

# LA SAINTE BIBLE
## A L'USAGE DE L'ENFANCE

Par M. l'abbé VERGER, curé de Saint-Julien de Tours; dessins de Henri Carot,
gravés par Méaulle, tirés en plusieurs couleurs.

**ANCIEN TESTAMENT,**   1 volume in-4º.
**NOUVEAU TESTAMENT,** 1 volume in-4º.

PRIX DE CHACUN DES TROIS VOLUMES VENDUS SÉPARÉMENT :
Cartonné, avec couverture en chromotypie, 3 fr.; net, 2 fr. et treizième.

# FABLES DE LA FONTAINE

Magnifique édition grand in-8º jésus, illustrée de 50 gravures à l'eau-forte
et d'un portrait, par V. FOULQUIER.

Richement cartonné en toile, ornements en noir et or, tranche dorée. . .  **40**  »
REMISE DE 50 %

# FABLES DE LA FONTAINE
### ILLUSTRATION DE GRANDVILLE

240 sujets et un frontispice (un sujet par fable). — Un beau volume in-12.

Broché. . . . . . . . . . . . . . . . . . . . . . . . . . .  **3**  »
Percaline gaufrée, riche écusson, tranche dorée. . . . . . . . .  **4 25**

PAR CENT NET : 50 C. DE REMISE

# IV

# BIBLIOTHÈQUE ILLUSTRÉE

## Livres pour Étrennes, Distributions de Prix et Bibliothèques scolaires

*Dans toutes les séries les nouveautés sont précédées d'un astérisque.*

Pour les remises faites sur les collections de livres pour distributions de prix, consulter le tableau sur papier vert qui se trouve au commencement du catalogue.

## FORMAT PETIT IN-FOLIO

(VOLUMES DE 500 PAGES, MESURANT 33×25)

| | |
|---|---|
| Broché. | 12 » |
| Percaline, plaques spéciales, tranche dorée | 15 » |
| Demi-reliure, dos en chagrin rouge, tranche dorée | 19 » |
| Demi-reliure d'amateur, dos et coins en maroquin du Levant, tranche dorée en tête | 27 » |

**3 volumes dans la collection.**

★ **ARMÉE EN FRANCE ET A L'ÉTRANGER** (L'), par le commandant Picard; 20 sujets hors texte en couleurs, et 150 gravures sur bois.

**HISTOIRE DE LA SAINTE BIBLE**, Ancien et Nouveau Testament, par M. l'abbé Cruchet, chanoine honoraire, curé de Saint-Étienne de Tours; 100 gravures, d'après Gustave Doré.

**L'HOMME AUX YEUX DE VERRE**, Aventures au Dahomey, par Rossi et Méaulle; 106 gravures, par Baldo, Brun, Mouchot, Tofani, Bayard fils, A. Simon, de Haenen, de Bérard, Riou, O. Saunier, E. Morin, etc.

## FORMAT IN-4° — 1<sup>re</sup> SÉRIE

(VOLUMES DE 400 PAGES, MESURANT 30×22)

**Chaque volume est orné de nombreuses gravures.**

| | |
|---|---|
| Broché, couverture imprimée | 5 50 |
| Broché, couverture chromo | 5 75 |
| Percaline, ornements en noir et or, tranche dorée. | 8 50 |
| Demi-reliure, dos en chagrin doré, plats en toile, tranche dorée. | 10 » |

**35 volumes dans la collection.**

**AIR ET LE MONDE AÉRIEN** (L'), par Arthur Mangin; 200 gravures sur bois.

**ARTÈRES DU GLOBE** (LES). Histoire des fleuves, par Paul Bory; 175 gravures et cartes.

**AUX INDES ET EN AUSTRALIE**, dans le yacht *le Sunbeam*, par lady Brassey; traduit de l'anglais par Gaston Bonnefont; 200 gravures.

**AVENTURES DE ROBINSON CRUSOÉ** (LES), par Daniel de Foë; 89 grav. sur bois.

**CHATEAUX HISTORIQUES DE FRANCE**, Histoire et monuments, par M. l'abbé J.-J. Bourassé; 32 gravures sur bois d'après Karl Girardet et Français.

**CHEVALIERS DE RHODES ET DE MALTE** (les) (Hospitaliers de Saint-Jean de Jérusalem), Chroniques et récits, par P.-A. Farochon ; 38 gravures.

**CHRISTOPHE COLOMB**, par Mgr Ricard. Illustrations de Baldo ; 33 gravures.

**CONTES MERVEILLEUX**, traduits de l'allemand de Hauff, par Louis de Hessem ; 38 gravures.

**EXPLORATEURS DE L'AFRIQUE** (les). Nachtigal, Galliéni, Stanley, de Brazza, Samuel Baker, Georges Révoil, etc. etc., par Paul Bory ; 64 gravures.

**FABIOLA OU L'ÉGLISE DES CATACOMBES**, par S. Ém. le cardinal Wiseman, archevêque de Westminster ; traduit de l'anglais par M. Richard Viot, et précédé d'une introduction par Léon Gautier ; 10 grandes compositions hors texte par Joseph Blanc, gravées par Méaulle ; 75 gravures dans le texte.

**FEMMES ILLUSTRES DE LA FRANCE** (les), par Oscar Havard ; 76 gravures.

**FORÊTS DE LA FRANCE** (les), par F. Depelchin ; 100 grav. sur bois.

**GRANDES ENTREPRISES MODERNES** (les), par Paul Bory ; 170 gravures.

**HENRI IV ET SON TEMPS**, par l'abbé Jousset ; 48 gravures.

**HISTOIRE DE FRANCE**, par Émile Keller ; 74 gravures.

**HISTOIRE DE PARIS ET DE SES MONUMENTS**, par Eugène de la Gournerie ; 4e édition, ornée de nombreuses gravures sur acier et sur bois, comprenant les derniers événements et les monuments nouveaux.

**HISTOIRE DES CROISADES**, abrégée à l'usage de la jeunesse, par M. Michaud, de l'Académie française, et M. Poujoulat ; 53 gravures sur bois.

**HISTOIRE DES JARDINS ANCIENS ET MODERNES**, par Arthur Mangin ; 70 grandes gravures.

**HOMMES CÉLÈBRES DE LA FRANCE** (les), par M. Dumas ; 54 grav. sur bois.

**JEANNE D'ARC**, par Marius Sepet ; 52 gravures.

**LOUIS XIV ET SON TEMPS**, par A. Gabourd ; 61 gravures.

**MABEL VAUGHAN**, Vie d'une Américaine, par miss Cummins, traduit de l'anglais par Harold ; 40 gravures.

★ **MARINE D'AUTREFOIS** (la), par G. Contesse ; 80 gravures.

**MÉMOIRES D'UN ROMAIN**. Vie privée de l'ancienne Rome, par Paul Bory ; 96 grav.

**MYSTÈRES DE L'OCÉAN** (les), par Arthur Mangin ; 179 grav. sur bois.

**PERDUS DANS LA GRANDE VILLE**, par F. Méaulle ; 93 gravures.

**PROMENADES EN ITALIE** ; 42 gravures sur bois.

**RÈGNE DE L'ÉLECTRICITÉ** (le), par Gaston Bonnefont ; 250 gravures.

**ROBINSON SUISSE** (le). Histoire d'une famille suisse naufragée, par J.-R. Wyss. Traduit de l'allemand par Frédéric Muller ; 65 gravures.

**ROME ET SES PONTIFES**, Histoire, Traditions, Monuments, par Mgr C. Chevalier ; 45 gravures.

**TESTAMENT DU DUC JOB** (le), par F. Méaulle ; 35 gravures.

**TOUR DU MONDE EN FAMILLE** (le). Voyage de la famille Brassey dans son yacht *le Sunbeam*, raconté par la mère ; traduit de l'anglais par M. Richard Viot ; 78 gravures.

**UN HIVER AU CAMBODGE**. Chasse au tigre, à l'éléphant et au buffle sauvage. Souvenirs d'une mission officielle remplie en 1880-1881, par M. Edgar Boulangier, ingénieur des ponts et chaussées ; 53 gravures et 3 cartes.

**VOYAGE EN ESPAGNE**, par M. Eugène Poitou, conseiller à la cour d'Angers ; 169 gravures.

**VOYAGE EN FRANCE**, par Mme Amable Tastu ; nouvelle édition, revue et augmentée ; ornée de 91 gravures sur bois et d'une carte routière.

# FORMAT IN-4° — 2ᵉ SÉRIE

(VOLUMES DE 288 PAGES, MESURANT 30 × 22)

## Chaque volume est orné de nombreuses gravures.

| | | |
|---|---|---|
| Broché, couverture imprimée . . . . . . . . . . . . . . . . . | 3 | 35 |
| Broché, couverture chromo . . . . . . . . . . . . . . . . | 3 | 50 |
| Riche cartonnage, imitation de toile, tranche dorée. . . . . . | 4 | 60 |
| Percaline gaufrée, riches ornements, tranche dorée. . . . . . | 6 | 20 |
| Percaline, nouvelle plaque avec ornements en couleurs et or, spéciale pour les étrennes, tranche dorée . . . . . . . . . | 7 | » |

**23 volumes dans la collection.**

**A TRAVERS LES ALPES AUTRICHIENNES**, par Maurice Grandjean; 35 grav.

**CÉCILIA**, OU LES PREMIERS TEMPS DU CHRISTIANISME EN ITALIE ET EN GRÈCE, par F. de Nocé; 27 gravures.

**CHERCHEURS DE QUINQUINAS** (LES) : DES VALLÉES DE CARAVAYA A L'AMAZONE, par Paul Bory; 43 gravures.

**DE CARTHAGE AU SAHARA**, par l'abbé Bauron; 56 gravures.

**DÉLAISSÉE**, par F. Méaulle; 4 sujets en couleurs et 30 gravures sur bois.

**DESTINÉE D'ISABELLE** (LA), par Marguerite Levray; 4 planches en couleurs et 31 gravures sur bois.

**DETTE DE CARMÈLE** (LA), par Marguerite Levray; 36 gravures.

**EN VACANCES**; COMMENT GEORGES APPRIT LE DESSIN, par Henri Carot; 278 gravures.

**ESPRIT DES OISEAUX** (L'), par S.-Henry Berthoud; 105 gravures.

**FAUVETTE**, suivi de l'HÉRITAGE DE ROSÉLIAN, par Marguerite Levray; 33 grav.

**FRÈRE ANGE**, par la baronne S. de Bottard; 26 gravures.

**GUYANE FRANÇAISE** (LA), Souvenirs et impressions de voyage, par le R. P. Brunetti; 41 gravures.

**LÉGENDE MERVEILLEUSE** (LA), RÉCITS DU TEMPS DE LA REINE BERTHE, par Alfred de Villeneuve; 38 gravures.

**MARIE STUART** (HISTOIRE DE), par M. de Marlès; nouvelle édition revue et considérablement augmentée; 29 gravures.

**NAPLES, LE VÉSUVE ET POMPÉI**, par l'abbé C. Chevalier; 22 gravures.

**NIÈCE DU DOCTEUR** (LA), OU SCÈNES DE LA VIE DE PROVINCE EN ANGLETERRE, imité de l'anglais, par Adam de l'Isle; 30 gravures.

**PLANTES UTILES** (LES), par Arthur Mangin; 64 gravures.

★ **POUR LA PATRIE**, par Paul Verdun; 30 gravures.

**RÈGNE DE FRANÇOIS Iᵉʳ ET LA RENAISSANCE** (LE), par Eugène de la Gournerie; 43 gravures.

**SACRIFICE DE LANCELOT** (LE), imité de l'anglais de lady Noël, par A. Chevalier; 36 gravures.

**SOLDATS**, par le marquis de Ségur; 1 grav. en couleurs et 26 grav. sur bois.

**VALLÉE DES COLIBRIS** (LA), par Lucien Biart; 32 gravures.

**VOYAGEUSES AU XIXᵉ SIÈCLE** (LES), par A. Chevalier; 43 gravures.

# BIBLIOTHÈQUE DES FAMILLES
## ET DES MAISONS D'ÉDUCATION

## FORMAT GRAND IN-8° — 1re SÉRIE

(VOLUMES DE 352 A 368 PAGES, MESURANT 27×18)

Chaque volume est orné de nombreuses gravures.

Broché, couverture en couleurs. . . . . . . . . . . . . . . . . . . 2 50
Riche cartonnage, imit. de toile, tranche jaspée. . . . . . . . . . 3 »
Riche cartonnage, imitation de toile, tranche dorée. . . . . . . . 3 40
Percaline gaufrée, riches ornements, tranche dorée. . . . . . . . 4 »
Demi-reliure, dos en chagrin, tranche dorée. . . . . . . . . . 6 50

### 53 volumes dans la collection.

**ADEN A ZANZIBAR** (D'), Un coin de l'Arabie heureuse, Le long des côtes, par Mgr Le Roy, de la congrégation du Saint-Esprit et du Saint-Cœur de Marie, vicaire apostolique du Gabon; 106 gravures.

**ANTIQUAIRE** (L'), de Walter Scott. Adaptation et réduction à l'usage de la jeunesse, par A.-J. Hubert; 24 gravures sur bois, d'après les dessins de Lix.

**A TRAVERS LE ZANGUEBAR.** Voyage dans l'Oudoé, l'Ouzigoua, l'Oukwèré, l'Oukami et l'Ousagara, par les PP. Baur et Le Roy, de la congrégation du Saint-Esprit et du Saint-Cœur de Marie, missionnaires au Zanguebar. Ouvrage orné de 45 gravures et d'une carte.

★ **CARAVANE DE LA MORT** (LA). Souvenirs de voyages, par Karl May; traduit de l'allemand par J. de Rochay; 45 gravures.

**CASTEL-BLAIR**, histoire d'une famille irlandaise, par Flora Shaw; traduit de l'anglais par A. Chevalier; 23 gravures.

**CHASSES DANS L'AMÉRIQUE DU NORD** (LES), par B.-H. Révoil; 56 grav.

**CHRÉTIENS ILLUSTRES** (LES), depuis la prédication des Apôtres jusqu'à l'invasion des barbares, par J.-B. Marty, ancien recteur d'Académie; 35 gravures.

**CONSTANCE SHERWOOD**, par lady G. Fullerton. Adapté de l'anglais par A. Chevalier; 25 gravures.

**CRATÈRE** (LE), de Fenimore Cooper. Adaptation et réduction à l'usage de la jeunesse, par A.-J. Hubert; 24 grav., d'après les dessins de Brun et Mouchot.

**ESPION** (L'), de Fenimore Cooper. Adaptation et réduction à l'usage de la jeunesse, par A.-J. Hubert; 24 gravures sur bois, d'après les dessins de Lançon.

**FABIOLA**, ou l'Église des Catacombes, par Son Éminence le cardinal Wiseman, archevêque de Westminster; traduit de l'anglais par M. Richard Viot; 30 grav.

★ **FLEURS DE LORRAINE**, par Jean Tincey; 25 gravures.

**FRANCE COLONIALE ILLUSTRÉE** (LA). Algérie, Tunisie, Congo, Madagascar, Tonkin et autres colonies françaises, par A.-M. G., membre de la société de Géographie de Paris, de la société royale belge de Géographie de Bruxelles, etc. Édition ornée de 93 gravures et de 24 cartes.

**FRANCE ET SYRIE**, Souvenirs de Ghazir et Beyrouth, par le R. P. Chopin; 43 grav.

**FRANCE PITTORESQUE** (LA), Région du Nord, par A.-M. G.; 73 gravures et cartes.

**FRANCE PITTORESQUE** (LA), Région de l'Est, par A.-M. G.; 103 grav. et 20 cartes.

**FRANCE PITTORESQUE** (LA), Région de l'Ouest, par A.-M. G.; nombreuses gravures et cartes.

**HISTOIRE NATURELLE EXTRAITE DE BUFFON ET DE LACÉPÈDE**, quadrupèdes, oiseaux, serpents, poissons et cétacés; orné de 184 grav.

**IMITATION DE JÉSUS-CHRIST**, avec une prière et une pratique à la fin de chaque chapitre, par le R. P. de Gonnelieu; texte orné d'un encadrement et de 122 grav. sur bois, d'après les dessins de **L. Hallez**.

**IRLANDE** (L'), depuis son origine jusqu'aux temps présents, par F. Canneron, secrétaire-rédacteur au Sénat; 38 gravures.

**ITINÉRAIRE DE PARIS A JÉRUSALEM**, par le vicomte de Chateaubriand; 41 grav.

**JAPON D'AUJOURD'HUI** (LE), Journal intime d'un missionnaire apostolique au Japon septentrional; 55 gravures.

**JEHAN DE FOUGEREUSE**, Nouvelle du XVᵉ siècle, par Louis Morvan; 25 grav.

**JÉSUS-CHRIST** (HISTOIRE DE), d'après les Évangiles et la tradition, par M. l'abbé J.-J. Bourassé, chanoine de l'Église métropolitaine de Tours; 39 gravures.

**LAC ONTARIO** (LE), de Fenimore Cooper. Adaptation et réduction à l'usage de la jeunesse, par A.-J. Hubert; 24 gravures sur bois, d'après Brun et Mouchot.

**LES PLUS BELLES CATHÉDRALES DE FRANCE**, par M. l'abbé J.-J. Bourassé; 45 gravures sur bois dans le texte et hors texte.

★ **LE PLUS FORT**, par Champol; 23 gravures.

**OFFICIER DE FORTUNE** (L'), de Walter Scott; 20 gravures.

**ORIGINES DE LA CIVILISATION MODERNE** (LES), par Godefroid Kurth, professeur à l'université de Liège; 34 gravures.

**ORPHELINE DES FAUCHETTES** (L'), suivi de : L'ONCLE JACQUES, et de : LES ÉTAPES DE FRANÇONNETTE, par Marguerite Levray; 23 gravures.

**PAYS DES MAGYARS** (LE), Voyage en Hongrie. Ouvrage adapté de l'anglais par A. Chevalier; 37 gravures.

**PILOTE** (LE), de Fenimore Cooper. Adaptation et réduction à l'usage de la jeunesse, par A.-J. Hubert; 24 gravures sur bois, d'après les dessins de Brun.

**PIRATES DE LA MER ROUGE** (LES), Souvenirs de voyage, par Karl May; traduit de l'allemand, par J. de Rochay; 23 gravures.

**PRAIRIE** (LA), de Fenimore Cooper. Adaptation et réduction à l'usage de la jeunesse, par A.-J. Hubert; 24 gravures sur bois hors texte.

**QUENTIN DURWARD**, de Walter Scott. Adaptation et réduction à l'usage de la jeunesse, par A.-J. Hubert; 24 gravures sur bois, d'après les dessins de Lix.

**ROCHE-YVOIRE** (LA), suivi de : SANS BERCAIL, par Marguerite Levray; 21 grav.

★ **ROI DES REQUINS** (LE), suivi de : UN BRELAN AMÉRICAIN, L'ANAÏA DU BRIGAND, par Karl May. Traduit de l'allemand par J. de Rochay; 15 gravures sur bois, d'après Férat et Mouchot.

**ROME**, ses églises, ses monuments, ses institutions, par M. l'abbé Roland, chanoine honoraire de Tours, membre de la société archéologique de Touraine, etc.; 34 gravures.

**ROYAUME DE L'ÉLÉPHANT BLANC** (LE); quatorze mois au pays et à la cour du roi de Siam, par Charles Bock, consul général de Suède et Norvège à Shanghaï; traduction par A. Tissot; 50 gravures.

**SUR TERRE ET SUR L'EAU**, Voyage d'exploration dans l'Afrique orientale, par Mgr Le Roy, de la congrégation du Saint-Esprit et du Saint Cœur de Marie, vicaire apostolique du Gabon; 102 gravures.

**TESTAMENT DU CORSAIRE** (LE), Aventures de terre et de mer, par Edmond Neukomm et Gaston Dujarric; 27 gravures.

**TUEUR DE DAIMS** (LE), de Fenimore Cooper. Adaptation et réduction à l'usage de la jeunesse, par A.-J. Hubert; 24 gravures sur bois, d'après les dessins de Brun, de Clair-Guyot et de Zier.

**UNE VISITE AU PAYS DU DIABLE**, Souvenirs de voyage, par Karl May; traduit par J. de Rochay; 23 gravures.

**UN TOUR EN SUISSE**, par Jacques Duverney; 46 gravures.

**VIES DES SAINTS POUR TOUS LES JOURS DE L'ANNÉE**, avec une pratique de piété pour chaque jour; 365 gravures, d'après les dessins de Rahoult.

**VOYAGES DANS LE NORD DE L'EUROPE** : UN TOUR EN NORVÈGE, UNE PROMENADE DANS LA MER GLACIALE (1871-1873), par Jules Leclercq; 17 gravures.

**WAVERLEY**, par Walter Scott. Adaptation et réduction à l'usage de la jeunesse par A.-J. Hubert; 24 gravures par Lix.

## BIOGRAPHIES NATIONALES

**BAYART** (HISTOIRE DE), par A. Prudhomme; 20 gravures.

**BLANCHE DE CASTILLE** (HISTOIRE DE), par Jules-Stanislas Doinel; 25 gravures.

**GODEFROI DE BOUILLON**, par Alphonse Vétault; 24 gravures.

**JEANNE D'ARC**, par Marius Sepet, ancien élève de l'École des chartes; 13 gravures.

**SAINT LOUIS, SON GOUVERNEMENT ET SA POLITIQUE**, par Lecoy de la Marche; 29 gravures.

**TURENNE** (HISTOIRE DE), maréchal de France, par L. Armagnac; 18 gravures.

# FORMAT GRAND IN-8° — 2° SÉRIE

(VOLUMES DE 240 PAGES, MESURANT 25 × 16)

Chaque volume est orné de nombreuses gravures.

Broché, couverture en couleurs . . . . . . . . . . . . . . . . . . . 1 50
Riche cartonnage, imitation de toile, tranche jaspée. . . . . . . . 2 »
Riche cartonnage, imitation de toile, tranche dorée . . . . . . . . 2 40
Percaline gaufrée, riches ornements, tranche dorée. . . . . . . . 3 »

### 56 volumes dans la collection.

**AGNÈS DE LAUVENS**, ou Mémoires de sœur Saint-Louis, recueillis et publiés par Louis Veuillot.

**ALSACE** (L'), Souvenirs de la guerre de 1870-1871, par Guy Delaforest.

**ART ANCIEN** (L'). Orient, Athènes, Rome. Revue illustrée des chefs-d'œuvre de l'antiquité, par A. Pellissier, ancien élève de l'École normale supérieure, agrégé de philosophie, professeur de l'Université, honoré en 1885 d'un prix Montyon par l'Académie française.

**A TRAVERS MADAGASCAR INSURGÉE**, Voyage et Aventures d'un aérostat, par Léo Dex et M. Dibos.

**AUTOUR DE LA MEUSE ET DE L'ESCAUT**, par Lucien Vigneron.

★ **AUX PYRÉNÉES ET AUX ALPES**, Voyages de vacances, par M. l'abbé Victor Martin.

**BERTRAND DU GUESCLIN** (HISTOIRE DE), comte de Longueville, connétable de France; d'après Guyard de Berville.

**BRUNO**, ou les Chasseurs d'ours, par le capitaine Mayne-Reid; traduit de l'anglais par Marie Guerrier de Haupt.

**CHATELAINES DE ROUSSILLON** (LES), ou le Quercy au XVI° siècle, par Mme la comtesse de la Rochère.

★ **DERNIER DES MOHICANS** (le), de Fenimore Cooper. Adaption et réduction à l'usage de la jeunesse, par A.-J. Hubert; 24 gravures sur bois.

**DUCHESSE-ANNE** (la), Histoire d'une frégate, par Olivier Le Gall.

**EN CAPTIVITÉ CHEZ LES PIRATES TONKINOIS**, par H. de Mathuisieulx.

**EN FAMILLE**, livre de lecture, par MM. Victor Coupin, ancien chef d'institution, auteur de divers ouvrages d'éducation, et Albert Renouf, élève de l'École normale, ancien professeur de l'Université.

**ENFANTS DE PARIS** (les), Esquisses d'après nature, par le marquis de Ségur.

**ENFANT SANS NOM** (l'), par Marie de Grandmaison, officier d'Académie.

**EN MER**, Récit pour les jeunes garçons, par le capitaine Mayne-Reid; traduit de l'anglais par Marie Guerrier de Haupt.

**ÉPREUVES DE BERNARD** (les), par le comte Morrys.

**ÉTATS-UNIS ET LE CANADA** (les), par M. Xavier Marmier, de l'Académie française.

**EXILÉS DANS LA FORÊT** (les), Aventures d'une famille péruvienne au milieu des déserts de l'Amazone, par le capitaine Mayne-Reid; traduit de l'anglais par Marie Guerrier de Haupt.

**GAULOIS, NOS AIEUX** (les), par M. Moreau-Christophe, lauréat de l'Institut.

**IMPRESSIONS ET SOUVENIRS D'UN VOYAGEUR CHRÉTIEN**, par Xavier Marmier, de l'Académie française.

**JACK LE PATRIOTE**, par Sylva Consul.

**JEUNES CHASSEURS DU NORD** (les), par le capitaine Mayne-Reid, traduit de l'anglais par Marie Guerrier de Haupt.

**JOSEPH HAYDN**, Scènes de la vie d'un grand artiste; traduit de Franz Seebourg, par J. de Rochay.

**MADEMOISELLE DE LA GUETTIÈRE**, par Marguerite Levray.

**MARÉCHAL PÉLISSIER** (le), duc de Malakoff, par P. F., professeur d'histoire.

**MÉMOIRES D'UN MANDARIN**, par Eugène Muller.

**MES PRISONS**, ou Mémoires de Silvio Pellico, traduit par l'abbé J.-J. Bourassé.

**MINA**, ou les Épreuves d'une vie d'enfant; imité de Paul Hermann, par J. de Rochay.

**NAUFRAGÉS AU SPITZBERG** (les), ou les Salutaires effets de la confiance en Dieu, par L. F.

**NINETTE BURATON**, par M<sup>lle</sup> Jeanne Ferrier.

**ORPHELINE DE MOSCOU** (l'), ou la Jeune Institutrice, par M<sup>me</sup> Woillez.

**PATRICE HERROLD**, par Charles Legrand.

**PAUL ET VIRGINIE**, par Bernardin de Saint-Pierre; édition revue.

**PÈLERINAGES DE SUISSE** (les), par Louis Veuillot.

**PERDUS EN MER**, imité de l'anglais par M<sup>me</sup> la comtesse Drohojowska.

**PERSONNES ET CHOSES**, par le marquis de Ségur.

**PERVENCHE LENOIR**, Nouvelle, par M. l'abbé J. Dominique.

**PEUPLES ÉTRANGES**, Description des races humaines les plus singulières, par le capitaine Mayne-Reid; traduit de l'anglais par Marie Guerrier de Haupt.

**PORTRAITS ET NOTICES HISTORIQUES**, par M<sup>me</sup> Bourdon.

**PROMENADES DANS LES PYRÉNÉES**, par M. Jules Leclercq.

**PUPILLE DE SALOMON** (la), par M<sup>lle</sup> Marthe Lachèse.

**ROBINSON DES ANTILLES** (le), Aventures d'Owen Evans, abandonné, en 1739, dans une île déserte des Antilles; extrait du manuscrit original, par W.-H. Anderdon; traduit de l'anglais par Marie Guerrier de Haupt.

**ROME ET LORETTE**, par Louis Veuillot.

**SAINT VINCENT DE PAUL** (vie de), par Jean Morel.

**SERMENT** (le), ou l'Ambition stérile, épisode de la guerre d'Amérique (1861-1865); imité de l'anglais par Adam de l'Isle.

**SIAM ET LES MISSIONNAIRES FRANÇAIS** (le), par Adrien Launay, de la Société des Missions étrangères.

**TRÉSOR DU PIRATE** (le), par M<sup>lle</sup> Henriette Teillard.

**TROIS LOUPS DE MER** (les), Roman historique, par Lucien Darville.

★ **TUEUR DE DAIMS** (le), de Fenimore Cooper. Adaptation et réduction à l'usage de la jeunesse, par A.-J. Hubert. Un volume orné de 24 gravures sur bois, d'après les dessins de Brun, Clair-Guyot et Zier.

**UNE FAMILLE DANS LE DÉSERT**, par le capitaine Mayne-Reid; traduit de l'anglais par Marie Guerrier de Haupt.

**UN FRANÇAIS DANS LA FLORIDE**, notes de voyage, par Edmond Johannet.

**UN GRAND CHANCELIER.** — Pierre des Vignes. — Récit historique, par le docteur Mathias Hœhler; traduit de l'allemand par J. de Rochay.

★ **UNE TOURNÉE PASTORALE EN NORVÈGE**, par M<sup>gr</sup> Fallize, évêque d'Elusa, et vicaire apostolique de la Norvège. Extrait des *Missions catholiques*.

**VOYAGE A CEYLAN**, par Franz Hoffmann; traduit, avec l'autorisation de l'auteur, par M<sup>lle</sup> A. Simons.

**VOYAGE AU PAYS DES KANGAROUS**, adapté de l'anglais par B.-H. Révoil.

---

# FORMAT GRAND IN-8° — 3ᵉ SÉRIE

(VOLUMES DE 160 PAGES, MESURANT 25 × 16)

### Chaque volume est orné de nombreuses gravures.

Broché, couverture en couleurs. . . . . . . . . . . . . . . . . . 1 15
Riche cartonnage, imitation de toile, tranche jaspée. . . . . . . . 1 50
Riche cartonnage, imitation de toile, tranche dorée. . . . . . . . 1 70

### 50 volumes dans la collection.

**AIMÉE ROBERT**, par M<sup>lle</sup> Marie Poitevin.

**AVENTURES DE MADEMOISELLE AÏDA** (les), par M<sup>lle</sup> l'Échassier.

★ **BRIMBORION**, Histoire d'un mousse, par Roger Dombre.

**CHASSE ANECDOTIQUE** (la), par Pierre Bonnefont.

**CHATELAINS DE COURTHENOY** (les), par Marguerite Levray.

**CINQ VERTUS DE TANTE ZABETH**, par Aimé Giron.

**CLAIRE D'ALVINIÈRE**, par E. Pinson.

**CLERGÉ SOUS LA TERREUR** (le), par François Bournand.

**DÉLASSEMENTS INSTRUCTIFS**, par Arthur Mangin; nouvelle édition, entièrement refondue et mise au courant des plus récentes découvertes de la science.

**DENISE LAUGIER**, par Marthe Bertin.

**DETTE DES ROBERT** (la), par M<sup>lle</sup> Marthe Lachèse.

★ **DOUGLAS LE PIRATE**, traduit de l'anglais par Massé-Viollet.

**DRAMES DE LA MER** (les), par Cinq-Étoiles.

**ÉLISABETH**, Épisode de la guerre franco-allemande, par Marie de Villemane.

**ENFANTS BIEN ÉLEVÉS** (LES), par M^me la comtesse de Ferry.

**ENFANTS D'ADRIENNE** (LES), par M^me de Paloff.

**EN ROUTE POUR LA BAIE D'HUDSON**, par M. Proulx, missionnaire dans le vicariat apostolique de Pontiac.

**ENTRE BOHÉMIENS**, par M^me la comtesse André de Beaumont.

**ÉTUDES ET SOUVENIRS**, par M. l'abbé Barbier.

**FÉBRONIA**, par l'abbé Stanislas Berthier.

**FÊTE DES CERISES** (LA), Récit historique, adaptation de l'allemand par Delauney du Dézen.

**FILS D'UN PAYSAN** (LE), par François Mussat.

**GRANDE DAME**, Histoire véritable, adaptée de l'allemand par Delauney du Dézen.

**GRENIER DE LA VIEILLE DAME** (LE), par M^lle Louise Mussat.

**HÉRITAGE DE TANTE MANON** (L'), par Pierre Ficy.

**HÉRITIÈRE DE PULCHÉRIE** (L'), par Marie de Villemane.

★ **HÉROS PRÉCOCES**, par M^me Marie de Grandmaison.

**HISTOIRES INSTRUCTIVES**, par M. de Chavannes.

**INVENTIONS ET DÉCOUVERTES**, ou les Curieuses origines, par E. Soulanges.

**JALOUSE**, ou la Conversion de Loulou, par M^lle A. Alhix.

**JEUNES BRUTIONS ET VIEUX GROGNARDS**, souvenirs du Prytanée de la Flèche, par Tony Lix.

**JOURNAL D'UNE PENSIONNAIRE** (LE), par M^lle A. Alhix.

**JUMEAUX DE MONTRÉAL** (LES), épisode de la guerre du Canada, par Georges Bremond.

**KARL ET TRINETTE**, par M^me Louise de Bellaigue, née de Beauchesne.

**MARGUERITE OU MARGOT?** par Marie Leconte.

**MUGUETTE L'INDIENNE**, ou les Amis de la France au Canada, par Georges Bremond.

**NOBLES CŒURS** (LES), Souvenirs historiques, par M^me Alicie Sauquet.

**PÊCHE ANECDOTIQUE** (LA), par Pierre Bonnefont.

**PIÉTÉ FILIALE ET FRATERNELLE**, par F. P. B.

**PORTEFEUILLE D'UN VOYAGEUR** (LE), par Bénédict-Henry Révoil.

**PORTRAITS JAUNES**, Coréens, Japonais, Chinois; — SCÈNES DE LA VIE CHINOISE, par M. l'abbé Lucien Vigneron.

**QUARTERONNE** (LA), par W. Herchenbach; traduit de l'allemand par M^lle Simons.

**RÉCITS D'UN OFFICIER D'AFRIQUE**, par le capitaine Blanc.

★ **ROBINSON RUSSE** (LE), par Marc Anfossi, officier de l'Instruction publique.

**ROI D'UN JOUR** (LE), Esquisse de la vie française au XV^e siècle, par Florence Wilford; traduit de l'anglais, avec l'autorisation de l'auteur, par J. de Clesles.

**SIMPLICITÉ GRIMSEL**, par M^lle Louise Mussat.

**TROP FAIBLE**, par Marthe Bertin.

**VACANCES DE GABRIELLE** (LES), par Marie Leconte.

**VIEUX MAGISTER** (LE), de Haufmann, adaptation par Delauney du Dézen.

**VOYAGE AU PAYS DE LA GRAMMAIRE**, par P. V., ancien professeur.

# FORMAT GRAND IN-8º — 4e SÉRIE

## NOUVELLE COLLECTION

(VOLUMES CARRÉS DE 144 PAGES, MESURANT 23 × 16)

Chaque volume est orné de nombreuses gravures.

Broché, couverture en couleurs. . . . . . . . . .   » 95
Riche cartonnage, imitation toile, tranche jaspée. . .   1 25
Riche cartonnage, imitation toile, tranche dorée. . .   1 45

### 9 volumes dans la collection.

★ **ALEXANDRIE AU CAIRE** (D'), par Victor Fournel.

★ **DOUZE CÉSAR** (LES), par Roger Dombre.

**DUC JEAN** (LE), par Champol.

**FILLE DU BRAHMANE** (LA), par Delauney du Dézen.

**GUY MAIN-ROUGE**, suivi de : EL AMBAJADOR; — L'EXPIATION DE SALOMÉ; — LA CROIX SANGLANTE, par Charles Buet.

**LÉGENDE DU MONT PILATE** (LA), suivi de : LE NOEL DE BÉBÉ VICTOR; — LE DERNIER JOUR DE PHTA-NEHI; — HISTOIRES A DORMIR DEBOUT; — LES SEPT CHAMBRES DU DIABLE, par Charles Buet.

★ **NOUVELLE PATRIE**, par Charles Vincent.

★ **SOUVENIRS DE CORSE**, par M^me J. Beaulieu-Delbet.

★ **UNE FRANÇAISE CHEZ LES SAUVAGES**, par M^me Goussard de Mayolle.

---

# FORMAT PETIT IN-8º — SÉRIE ILLUSTRÉE

(VOLUMES DE 216 PAGES, MESURANT 21 × 13)

Chaque volume est orné de nombreuses gravures.

Broché. . . . . . . . . . . . . . . . . . . . . . .   » 85
Cartonnage, imitation de toile, tranche jaspée. .   . . . . . . . . .   1 05
Cartonnage, imitation de toile, tranche dorée. . . . . . . . . . .   1 25

### 8 volumes dans la collection.

**CHEZ LES CANNIBALES DE BORNÉO.** Première relation authentique sur l'intérieur de cette île, par Charles Bock.

**CONTES FRANÇAIS**, par M^me Julie Lavergne.

**ESQUISSES DES ANIMAUX MAMMIFÈRES LES PLUS REMARQUABLES**, par Ad. Focillon.

**FRIQUET**, par Marthe Bertin.

**MAISON DE MA TANTE** (LA), par Guy Delaforest.

**PAYS NOUVEAUX** (LES), par Paul Bory.

**POISSONS** (LES), par C. Millet.

**TYPES ET CARACTÈRES**, esquisses morales et pittoresques, par G. de Varennes.

# BIBLIOTHÈQUE

#### DE LA

# JEUNESSE CHRÉTIENNE

## NOUVELLE SÉRIE GRAND IN-8o

### POUR LES CLASSES SUPÉRIEURES

(VOLUMES DE 368 PAGES, MESURANT 25 × 16)

**Chaque volume est orné de plusieurs gravures.**

Broché, couverture en couleurs . . . . . . . . . .  3 50
Percaline, reliure de bibliothèque, tranche jaspée. . .  5  »

**14 volumes dans la collection.**

**CARACTÈRES DE LA BRUYÈRE** (LES). Illustrations de V. Foulquier.

★ **CARDINAL LAVIGERIE ET SES ŒUVRES D'AFRIQUE** (LE), par l'abbé Félix Klein, professeur à l'Institut catholique de Paris.

**CHANSON DE ROLAND** (LA). Traduction précédée d'une introduction et accompagnée d'un commentaire, par Léon Gautier, membre de l'Institut, professeur à l'École des chartes. Ouvrage couronné par l'Académie des inscriptions et belles-lettres.

**CHARITÉ CATHOLIQUE EN FRANCE AVANT LA RÉVOLUTION** (LA), par A. Loth.

★ **IMITATION DE JÉSUS-CHRIST**, augmentée de réflexions, par Mgr Darboy. Très beau volume avec larges encadrements noirs.

**INDO-CHINE,** Souvenirs de voyages et de campagnes (1858-1860), par le colonel de Ponchalon.

**LÉGENDES RÉVOLUTIONNAIRES,** par Edmond Biré.

★ **NOS SAVANTS,** d'après leurs éloges académiques, par l'abbé Loridan.

**ORAISONS FUNÈBRES DE BOSSUET** (LES), suivies du Sermon pour la profession de Mme de la Vallière, du Panégyrique de saint Paul et du Sermon sur la vocation des Gentils; avec des notices par M. Poujoulat. Illustrations de V. Foulquier.

**PETITS CHEFS-D'ŒUVRE DES CONTEURS FRANÇAIS** (Extraits), par E. Ragon.

**UN HOMME D'ŒUVRES,** Ferdinand-Jacques HERVÉ-BAZIN (1847-1889).

★ **UN SEIGNEUR AU XIIIe SIÈCLE,** Jean de Joinville, par le R. P. Bouttié, de la Compagnie de Jésus.

**VIE CHARITABLE DE M. DE MELUN**, fondateur de l'Œuvre des apprentis et des jeunes ouvrières, par Alexis Chevalier.

**VIE DE SAINT MARTIN**, évêque de Tours, apôtre des Gaules, par A. Lecoy de la Marche.

# FORMAT IN-8° — 2ᵉ SÉRIE

(VOLUMES DE 240 PAGES, MESURANT 22 × 14)

Chaque volume est orné de plusieurs gravures.

Broché, couverture en couleurs. . . . . . . . . . . . . . . . .  1  »
Riche cartonnage, imitation de toile, tranche jaspée. . . . . . . .  1  35
Riche cartonnage, imitation de toile, tranche dorée. . . . . . . .  1  60
Percaline, riches ornements en noir et or, tranche dorée . . . . .  2  20

**51 volumes dans la collection.**

**A BORD D'UN NÉGRIER**, épisode de la vie maritime, tiré des *Voyages et Aventures* de L. Garneray.

**ALDA, L'ESCLAVE BRETONNE**, traduit de l'anglais par Mᵐᵉ L. de Montanclos.

**AU TEMPS PASSÉ**, Chroniques, par Marthe Laebèse.

**BELLE OLONNAISE** (LA), par Lucien Darville.

**BENVENUTA**, ou les Couleurs de l'arc-en-ciel; adapté de l'anglais d'Emma Marshall, par Francis Ergil.

**BONHEUR DANS LE DEVOIR** (LE), par Mᵐᵉ L. Boïeldieu-d'Auvigny.

**BRETAGNE ET GRANDE-BRETAGNE**, ITALIE ET SICILE (1879-1883), par l'abbé Lucien Vigneron.

**CHEVAUCHÉE EN PALESTINE**, par Léonie de Bazelaire.

**CHRISTIANISME EN ACTION** (LE), Choix de nouvelles, par E. de Margerie.

**CINQ ÉPÉES**, BESSIÈRES, RADETZKY, DE GONNEVILLE, DAGOBERT ET DUGOMMIER, LEE, par le général Ambert.

**CONGO** (LE), par Emmanuel Ratoin.

★ **CONVERTIS CÉLÈBRES DU SIÈCLE DANS LE SACERDOCE** (LES), par J. Argantel.

**DEUX COUSINES**, par Mᵐᵉ Colette.

**ENFANT DU MOULIN** (L'), par Mrs Ewing; traduit de l'anglais, avec l'autorisation de l'auteur, par A. Chevalier.

**ENFANT GATÉE**, par Marguerite Levray.

**ÉTRANGÈRE** (L'), traduit de l'allemand par Louis de Hessem.

**FEU DU CIEL** (LE), histoire de l'électricité et de ses principales applications, par Arthur Mangin. Nouvelle édition, revue et mise au courant des récentes découvertes de la science, par H. G***.

**FOI ET COURAGE**, Notices sur quelques élèves de l'école Sainte-Geneviève tués à l'ennemi, par le R. P. Chauveau, de la Compagnie de Jésus.

**FRANCE CATHOLIQUE EN ÉGYPTE** (LA), par Victor Guérin, agrégé et docteur ès lettres, chargé de nombreuses missions scientifiques en Afrique et en Orient.

**FRANCE CATHOLIQUE EN TUNISIE** (LA), A MALTE ET EN TRIPOLITAINE. Établissements religieux fondés ou protégés par la France, par Victor Guérin, agrégé et docteur ès lettres, chargé de nombreuses missions scientifiques en Afrique et en Orient.

**GLOIRES DE LA MUSIQUE** (LES), par M. l'abbé A. Laurent.

**HISTOIRES VRAIES**, par le marquis A. de Ségur.

**ISABELLE LE TRÉGONNEC**, par Marguerite Levray.

**JOURNAL D'UN ADOLESCENT** (LE), Livre de lecture, par MM. Victor Coupin et Albert Renouf.

**LOUISE MURAY**, par A. Desves.

★ **MAC-MAHON**, le Chevalier sans peur et sans reproche, par Léon Laforge, membre de l'Académie d'Angers, de la Société d'histoire contemporaine de Paris, de la Société bibliographique.

**MARIAGE DE RENÉE** (LE), par Marthe Lachèse, précédé d'une lettre de S. G. Mgr l'évêque d'Évreux.

**MARIE-ANTOINETTE, REINE DE FRANCE** (HISTOIRE DE), par J.-J.-E. Roy.

**MARIE DE BOURGOGNE**, par Mlle A. Gerbier.

**MARIE-THÉRÈSE D'AUTRICHE** (HISTOIRE DE), impératrice d'Allemagne, reine de Hongrie et de Bohème, par J.-J.-E. Roy.

**OASIS DE PLÉNERF** (L'), par Alfred Giron.

**ORPHELINE DE ROCHNIVELEN** (L'), par Marie de Harcoët.

**PAGE DE LA DUCHESSE ANNE** (LE), récit de haute et basse Bretagne, par Alain de la Roche.

**PAPES** (LES), par le P. Marin de Boylesve, S. J.

**PAUVRES ET RICHES**, par Mme O. des Armoises.

**PETITE TZIGANE** (LA), ou l'Enfant perdue et retrouvée, par Louise Hautières.

**REINE-MARGUERITE**, ou une Famille chrétienne, par Mlle A. Desves.

**SCIENCE A TRAVERS CHAMPS** (LA), par Mlle Marie Maugeret.

★ **SECRET DE FEU BERNARD** (LE), par Arthur de Jancigny.

**SEM, CHAM ET JAPHET**, Voyage dans trois parties du monde, par M. l'abbé Lucien Vigneron.

**SIMPLES HISTOIRES**, par le marquis A. de Ségur.

**SOLDATS FRANÇAIS** (LES), par le général baron Ambert.

**SOUVENIRS D'UN OFFICIER DE CHASSEURS A PIED**. Extrait des Notices sur les élèves de l'école Sainte-Geneviève tués à l'ennemi.

**STÉPHANIE VALDOR**, Etude de mœurs arabes, par Mme la Csse de la Rochère.

**SUR LES BORDS DU FLEUVE ROUGE**, par Louis d'Estampes.

**TEBSIMA**, ou l'Exilé du désert, récits historiques et légendaires, par M. E. B***.

**TRAPPEURS DU WYOMING** (LES), par F.-J. Pajeken, traduit de l'allemand par Louis de Hessem.

**UN INVENTEUR MÉCONNU** (FRÉDÉRIC SAUVAGE), sa vie, ses inventions, par C. Paillart.

**UN RÉGENT D'ÉCOLE**, tableau de mœurs strasbourgeoises à la fin du XVIIIe siècle, par Arthur de Jancigny.

**VALÉRIE DE LIGNEUIL**, par Mme la Csse de Tillère, auteur de *Marie ou l'Ange de la terre*, de *Laure et Anna*, etc.

**VRAI PATRIOTISME** (LE), Notices sur quelques élèves de l'école Sainte-Geneviève tués à l'ennemi, par le R. P. Chauveau, de la Compagnie de Jésus.

# FORMAT IN-8° — 3ᵉ SÉRIE

(VOLUMES DE 192 PAGES, MESURANT 22×14)

Chaque volume est orné de plusieurs gravures.

Broché, couverture en couleurs. . . . . . . . . . . . . . . . . . . » 75
Riche cartonnage, imitation de toile, tranche jaspée . . . . . . . . 1 »
Riche cartonnage, imitation de toile, tranche dorée. . . . . . . . . 1 25

### 54 volumes dans la collection.

**AMIES D'ENFANCE**, par Mᵐᵉ S. de Lalaing. ·

**ANNE DE BRETAGNE, REINE DE FRANCE** (HISTOIRE D'), par J.-J.-E. Roy.

**ARTS ET MÉTIERS** (LES), par A. Labouche, membre de la société pour l'Instruction primaire.

★ **AU PAYS DES WOLOFFS**, Souvenirs d'un traitant du Sénégal, par Joseph du Sorbiers de la Tourrasse.

**BERTHE**, ou les Suites d'une indiscrétion, par Mᵐᵉ L. Boïeldieu-d'Auvigny.

**BLANCHE DE MARSILLY**, Épisode de la révolution, par M. Albert Richard.

**BOUGAINVILLE**, par J.-J.-E. Roy.

**BUCHERON DE LA VIEILLE MONTAGNE** (LE), par Rolsschung.

**CASSILDA**, ou la Princesse maure de Tolède, d'après une légende espagnole, imité de l'allemand par M. l'abbé G. A. L.

**CENT MERVEILLES DE LA NATURE**, par M. de Marlès.

**CHRÉTIENS ET HOMMES CÉLÈBRES AU XIXᵉ SIÈCLE**, par l'abbé A. Baraud. Première série.

**CHRÉTIENS ET HOMMES CÉLÈBRES AU XIXᵉ SIÈCLE**, par l'abbé A. Baraud. Deuxième série.

**CHRÉTIENS ET HOMMES CÉLÈBRES AU XIXᵉ SIÈCLE**, par l'abbé A. Baraud. Troisième série.

**CLOCHER DU VILLAGE** (LE), par C. Guenot.

**CONDAMNÉ VOLONTAIRE** (LE). Roman judiciaire, par A. Jungst; traduit de l'allemand par J. de Rochay.

**CONFESSIONS D'UN MENDIANT** (LES), suivi de: LE GARDE-FOU, — LES CONTES DU TROUVÈRE, — UNE PARISIENNE EN LIMOUSIN, — LE TRÉSOR DE SAINT-SÉBASTIEN, par Jean Grange.

**DANS LA BROUSSE**, Aventures au Tonkin, par H. Méhier de Mathuisieulx.

**DUGUAY-TROUIN**, par Frédéric Kœnig.

**ÉDUCATION D'YVONNE** (L'). [Dix ans.] Par Mˡˡᵉ Julie Gouraud.

**ÉGLISE AFRICAINE ANCIENNE ET MODERNE** (L'), par Jean de Prats.

**EN BRETAGNE**, par Ch. de la Paquerie.

**ENFANTS DU CHEVALIER** (LES), récit du temps passé, imité de Paul Hermann, par J. de Rochay.

**FÉE DE LA MAISON** (LA), par Marthe Bertin.

**FERMIÈRE DE KERSAINT** (LA), nouvelle villageoise, par E. Delauney.

**FILLE DU NOTAIRE** (LA), par lady G. Fullerton, traduit de l'anglais par Fitz-Gerald.

**FILLE DU PÊCHEUR** (LA), par M^me Valentine Vattier.

**GRANDES JOURNÉES DE LA CHRÉTIENTÉ** (LES), première période, par Hervé-Bazin.

**HISTOIRE D'UNE JEUNE FILLE PAUVRE**, par Théodore Bahou.

**JEAN BART**, par Frédéric Kœnig.

**JEANNE DE BELLEMARE**, ou l'Orpheline de Verneuil, par Stéphanie Ory.

**JEUNESSE DE MICHEL-ANGE** (LA), coup d'œil sur ses principaux ouvrages, par Frédéric Kœnig.

**JOUR DE NAISSANCE** (LE), traduit de l'anglais par Jacques d'Albrenne.

**LA TOUR D'AUVERGNE**, par Frédéric Kœnig.

**LAURENTIA**, épisode de l'histoire du Japon au XVI^e siècle, par lady G. Fullerton ; traduit de l'anglais par W. Fitz-Gerald.

**LÉONARD DE VINCI**, par Frédéric Kœnig.

★ **LILI**, par Susanne de Cocquard.

**MANUSCRIT D'UNE FEMME AIMABLE** (LE), Souvenirs de jeunesse racontés par une vieille dame, par Remy d'Alta-Rocca.

**MARCHAND D'ANTIQUITÉS** (LE), par E. Delauney.

**MARGUERITE D'ANJOU** (HISTOIRE DE), par J.-J.-E. Roy.

**MARIETTA**, par W. Herchenbach ; traduit, avec l'autorisation de l'auteur, par M^lle Simons.

**MARTIN PÈRE ET FILS**, par E. Delauney du Dézen.

**MEILLEURE PART** (LA), Scènes de la vie réelle, par M^me V. Vattier.

**MES BELLES ANNÉES**, Tablettes d'une jeune fille, par Théodore Bahou.

**MÉTAYER DU ROSSBERG** (LE), par F.-A. Robischung.

**PEAU-DE-MOUTON**, par Roger Dombre.

**RÉCITS DU XVII^e SIÈCLE**, Histoires et anecdotes, par M^me Marie-Félicie Testas.

**RÉGISVINDIS**, légende carolingienne, par Paul Lang ; traduit par Louis de Hessem.

★ **SUR LA ROUTE DU POLE**, par Léo Dex.

**TROP SAVANTE**, par Lucien Darville.

★ **UNE HISTOIRE DE CIRQUE**, par M^me la C^sse André de Beaumont.

**UNE SŒUR**, par Pierre d'Arlay.

**VACANCES D'YVONNE** (LES). [Douze ans.] Par M^lle Julie Gouraud, auteur des *Mémoires d'une poupée*, etc.

**VILLE ENCHANTÉE** (LA), voyage au lac Tanganika, par M. Prévost-Duclos.

**VOYAGES ET AVENTURES DU CAPITAINE COOK**, par Henri Lebrun.

# FORMAT IN-8° — 4ᵉ SÉRIE

(VOLUMES DE 168 PAGES, MESURANT 22 × 14)

## Chaque volume est orné de plusieurs gravures.

```
Broché. . . . . . . . . . . . . . . . . . . . . . . . . . . . »  65
Riche cartonnage, imitation de toile, tranche jaspée. . . . . . . . »  80
Riche cartonnage, imitation de toile, tranche dorée. . . . . . . . 1  05
```

### 42 volumes dans la collection.

**AGNELLE**, par Marguerite Levray.

★ **ALLEMAGNE FRANÇAISE** (L'), par M. l'abbé Lucien Vigneron.

**AÎNÉ DE VEUVE**, par H. de Courrèges.

**ANCIENS GLACIERS** (LES), par A. de Lapparent.

★ **ARC-EN-CIEL** (L'), suivi de : DEUX FLEURS, — LE PAVOT BLEU, — LE LIED DU CIEL, — LE VERNIS DES AMATI, — LES ROSES DE PROVINS, — LA CHANSON DE NUIT DU VOYAGEUR, — LA DENTELLE DES SIRENES, par Mᵐᵉ Julie Lavergne.

**AU PAYS DE L'OR**, par Pierre Bonnefont.

**BLUETTE ET COQUELICOT**, conte instructif pour les enfants, par Maurice Barr ; illustration par Bertall.

**BRACELET D'UNE GAULOISE** (LE), par Mᵐᵉ Gabrielle d'Arvor, lauréat de l'Académie française.

**CATASTROPHES CÉLÈBRES** (LES), par H. de Chavannes de la Giraudière.

**CHARITÉ** (LA), par Mᵐᵉ Bourdon.

**CIGALE OU FOURMI?** par Marthe Bertin.

**COURAGE D'ALICE** (LE), suivi de : LE PAPILLON BLEU, par Mᵐᵉ Colette.

**COUR ET LA VILLE** (LA), par Mᵐᵉ Marie-Félicie Testas.

★ **DANIEL BONTOUT**, par MM. Albert Rénouf, ancien élève de l'école normale supérieure, ancien professeur de l'Université ; et Victor Coupin, auteur de divers ouvrages d'éducation.

**DEUX MOIS HEUREUX**, par Mᵐᵉ d'Ast.

**DIMANCHE EN ACTION** (LE), par M. Fénelon Gibon, auteur de *la Croisade* et de *la Nécessité du Dimanche*.

**DOMPTEUR** (LE), par Mˡˡᵉ Marthe Bertin.

**ERMITE DE CLAMART** (L'), par Nemours Godré.

**FILS DU PALUDIER** (LE), suivi de : LE BAC SUR LA SEMOY, par l'abbé J. Dominique.

★ **FLEURS DE FRANCE**, Chroniques et légendes, par Mᵐᵉ Julie O. Lavergne.

**HÉRACLE**, par Vassel de Fautereau.

**JEANNE**, par Mˡˡᵉ Mary Lacroix.

**JOURNAL D'UN COLON** (LE), par E. Delauncy du Dézen.

**LAC AUX HUITRES** (LE), d'après l'allemand de Herchenbach, par l'abbé Gobat.

**LEÇONS DE CHOSES MORALES**, par Élise Nolsenef.

**LYDIE DARTEL**, histoire contemporaine, par M^me Julie Lavergne.

**MILLIONNAIRE ET BALAYEUR**, d'après l'allemand de Herchenbach, traduit, avec l'autorisation de l'auteur, par l'abbé Gobat.

**MON ÉVASION DES PONTONS**, Épisode tiré des *Neuf années de captivité* de Louis Garneray, peintre de marine.

**NORA DE CEYRIAC**, par Lucie des Ages.

**ODYSSÉE DE JACK** (L'), par M^me Gabrielle d'Arvor, lauréat de l'Académie française.

**ONCLE KASPER** (L'). Souvenirs d'Alsace-Lorraine, par E. Delauney du Dézen.

**PETITE-JOYEUSE**, par Marguerite Levray.

**PETITS LAROCHE** (LES), par Marthe Bertin.

**PIERRE, PAUL ET JACQUES**, suivi de : L'Ex-gendarme Jollibert, — Le Parapluie de tante Suzon, — L'Habit du professeur, — L'Assassinat du Pont-Rompu, par Jean Grange.

**PROFILS PARISIENS**, par Cat.

**ROSE-DE-MAI**, ou la Puissance de l'éducation religieuse, par Stéphanie Ory.

**ROSE FERMONT**, ou un Cœur reconnaissant, par M^me Vattier.

**SCÈNES ET RÉCITS**, par Jean Grange.

**SCIENCE DU BONHEUR** (LA), par M^me Bourdon.

**SOURIS**, par M^lle Louise Mussat.

**TRÉSOR DU SOUTERRAIN** (LE), par Jean Grange.

**UNE GERBE D'HISTOIRES**, par Marie Franc.

# FORMAT PETIT IN-8° — 1^re SÉRIE

(VOLUMES DE 144 PAGES, MESURANT 21 × 13)

Chaque volume est orné de plusieurs gravures.

| | |
|---|---|
| Broché. . . . . . . . . . . . . . . . . . . . . . . . . . . . . . . . . . . | » 50 |
| Riche cartonnage, chromo avec reliefs, tranche blanche. . . . . . . | » 65 |
| Riche cartonnage, imitation de toile, tranche jaspée . . . . . . . . | » 65 |
| Riche cartonnage, imitation de toile, tranche dorée. . . . . . . . . | » 90 |

45 volumes dans la collection.

**A LA MER**, par M^me Riboulet.

**A NEUF ANS**, par l'auteur de *Quand j'étais petite fille*; traduit de l'anglais par M^me C. Deshorties de Beaulieu, illustré par Frölich.

**A PARIS ET EN PROVINCE**, recueil de nouvelles, par Tony Lix.

**AU COIN DU FEU**, par Alexis Muenier.

**AVENTURES D'UN FLORIN** (LES), racontées par lui-même.

★ **BRIGANDS DE MARATHON** (LES), par E. Watbled.

**CORBEILLE DE FRAISES** (LA), par Marie-Ange de T***.

**DEUX SŒURS** (LES), suivi de : UNE AVENTURE EN POLOGNE, imité de l'anglais, par Adam de l'Isle.

**DIRECTRICE DE POSTE** (LA), par Marie-Ange de T***.

**DOUZE HISTOIRES**, par Marie Guerrier de Haupt.

**DUMONT D'URVILLE**, par Fr. Joubert.

FÉE DES ROCHES-GRISES (LA), par M<sup>me</sup> A. Ferrand.

FLORA MAC-ALPIN, Épisode de la cour de Jacques VI d'Écosse.

GRAND'MÈRE DE GILBERTE (LA), suivi de : LA MADONE DE MAILLERAS, par M<sup>lle</sup> des Ages.

GRANDS AGRICULTEURS MODERNES (LES) : OLIVIER DE SERRES, DUHAMEL-DUMONCEAU, PARMENTIER, MATTHIEU DE DOMBASLE, par M<sup>me</sup> la C<sup>sse</sup> Drohojowska.

GRANDS INVENTEURS MODERNES (LES) : Télégraphie (AMONTONS. — CHAPPE, — AMPÈRE, — MORSE, — BABINET, — SUDRE), par M<sup>me</sup> la C<sup>sse</sup> Drohojowska.

GRAND TALENT ET GRAND CŒUR, Nouvelle historique d'après des documents inédits, par Gustave Vallat.

HENRIETTE, ou Piété filiale et Dévouement fraternel, par Stéphanie Ory.

HÉROÏNE DE TAÏTI (L'), par Herchenbach; trad. de l'allemand par M<sup>lle</sup> A. Simons.

HÉROS INCONNUS, par le capitaine Blanc.

INFORTUNES D'ANDRÉ (LES), suivi de : LES TROIS CHIENS DE SIRE HERBERT, et de : CE QU'IL Y AVAIT DANS UNE DOUZAINE D'ŒUFS, par Remy d'Alta-Rocca.

JOURNAL DE JULIE (LE), par M. Colomb.

MANUSCRIT DE JAVOTTE (LE), par M<sup>me</sup> Mathilde Sandras.

MARIANNE, ou le Dévouement, par Marie-Ange de T***.

MÉNÉTRIER DE SAULEVILLE (LE), par M<sup>me</sup> Julie Lavergne.

MIRALDA LA PETITE NÉGRESSE, ou le Rossignol noir de la Havane, d'après l'allemand de Herchenbach, par l'abbé Gobet.

MORALE EN HISTOIRES (LA), par Marie Guerrier de Haupt.

MOZART, ou la Jeunesse d'un grand artiste, par Étienne Gervais.

NAVIGATION AÉRIENNE, par Arthur Mangin; nouvelle édition, entièrement refondue et mise au niveau des connaissances actuelles.

NOCES D'OR DU GRAND'PÈRE (LES), par Jean Grange.

OISEAUX DE GERMAINE (LES), par Marie Franc.

OISEAUX ET FLEURS, par M<sup>me</sup> Henri Langlois.

PETIT DUC (LE), ou Richard sans Peur, par l'auteur de l'*Héritier de Redclyffe*; traduit de l'anglais par M<sup>me</sup> Charles Deshorties de Beaulieu.

POUCETTE, imité de l'anglais par Camille de Saint-Aubin.

RÉCITS AMÉRICAINS, par M. Xavier Marmier, de l'Académie française.

RICHARD-LENOIR, par Fr. Joubert.

* SAVANT A L'ÉCOLE (LE), suivi de : MADAME GUIMAUVE. — LA CLOCHE. — LE PREMIER VOYAGE D'HERMANN TROTTER, — SONATE EN UT MINEUR. — LE CHÊNE DE ROCAMBOUSE, par Julie Lavergne.

SIMON ET SIMONE, par Marthe Bertin.

SIMPLES RÉCITS, par A. de Thilma.

* TATIANA DOUKOF, par Marthe Bertin.

THOMAS MOORE ET SON ŒUVRE IMMORTELLE, par Gustave Vallat.

TROIS HOMMES DE CŒUR, LARREY, DAUMESNIL, DESAIX, par le général Ambert.

UNE DETTE DE CŒUR, par Camille d'Arvor.

VANDA, Journal d'une Petite-Russienne, par Marie Guerrier de Haupt.

VAUQUELIN, par Fr. Joubert.

# FORMAT PETIT IN-8° — 2ᵉ SÉRIE

(VOLUMES DE 96 PAGES, MESURANT 21 × 13)

## Chaque volume est orné de plusieurs gravures.

Riche cartonnage, imitation de toile, tranche jaspée. . . . . . . . »  50
Riche cartonnage, chromo avec reliefs, tranche blanche. . . . . . »  50

### 42 volumes dans la collection.

**ANNETTE**, ou la Petite ménagère, par Marie-Ange de T***.

**ASCENSION NOCTURNE** (une), par F.-A. Robischung.

★ **BAPTÊME DE FEU**, par Louise Mussat.

**BONNE D'ENFANTS**, histoire d'un éléphant, par Roger Dombre.

**CADEAUX DE LA TANTE ZOÉ** (les), suivi de: le Titre perdu; imité de l'anglais, par Adam de l'Isle.

**CAPORAL SANS-PEUR** (le), suivi de : Récompense d'une bonne action, — Pour la patrie, — Sur la côte normande, — Victor le Menteur, — La leçon de Frantz, par Mᵐᵉ de Peloff.

**CHAMBRE DE VERRE** (la), par Roger Dombre.

**CHEZ LES PEAUX-ROUGES**, récits de chasse, par Bénédict-Henry Révoil.

**CONSTANCE DE BLANCHEVILLE**, Récit historique. Adaptation par E. Delauney du Dézen.

**CONTES SUÉDOIS**, traduits par Mᵐᵉ Maisonrouge.

**DÉCEPTIONS DE SARA** (les), par E. Delauney du Dézen.

**DÉFAUTS ET VERTUS**, par Mᵐᵉ Félicie Testas.

**DEUX SŒURS DE LAIT** (les), par Gustave Vallat.

**DOCTEUR BERNARD** (le), suivi de deux nouvelles, par Alexis Muenier.

**ÉPICIER DE LA DROME** (l'), Félix Longueville. Notice biographique par l'abbé Cyprien Perrossier, archiviste diocésain de Valence.

**FAMILLE MULLER** (la), par Mᵐᵉ Marie Chéron.

**FIANCÉE DU ROMAIN** (la), traduit de l'allemand par Mˡˡᵉ Simons.

**FILLES DU LAPIDAIRE** (les), par Maurice Barr.

**FILS DU GAULOIS** (les), suivi de : le Roi de la Fève, par Alexandre de Saillet.

**FOLLA**, par Roger Dombre.

**HISTOIRE D'UN PETIT MUSICIEN**, par E. Mathieu.

★ **HUIT JOURS DE LIBERTÉ**, par Étienne Lenclos.

**INVENTION MAUDITE** (l'), par Paul Féval fils.

**JEUDIS CHEZ GRAND'MÈRE** (les), par Marie Guerrier de Haupt.

★ **JEUNE ARTISTE EN FLEURS** (la), par Stéphane.

**LAMPE DU SANCTUAIRE** (la), traduit du cardinal Wiseman.

**MADEMOISELLE ARTABAN**, par Camille d'Arvor.

**MAISON REGRETTÉE** (la), par Céline Eniagar.

**MICHEL LE MÉCHANT** et sa victime, par Florence Montgomery.

**MOÏNA**, par Marcel Gastineau.

**MUR DU VOISIN** (LE), par Marie Guerrier de Haupt.

**QUATRE NOUVELLES HISTORIQUES**, par Marie Guerrier de Haupt.

**SILVIA**, L'ÉTOILE D'ÉCLJA, par W. Herchenbach; traduit de l'allemand par M<sup>lle</sup> A. Simons.

**SOIRÉES DU PÈRE BIDOU** (LES).

**SOUVENIRS DE L'OBERLAND BERNOIS ET DE LA SUISSE CENTRALE**, suivi de : UN PÊCHEUR VOSGIEN SUR UNE ÎLE FLOTTANTE, par F.-A. Robischung.

**SOUVENIRS D'UN OUISTITI**, par Roger Dombre.

**STATUES DU LUXEMBOURG** (LES), par Marie-Ange de T***.

**TRIBULATIONS D'UNE ENFANT MAL ÉLEVÉE**, racontées par elle-même.

**UN SOLDAT MARTYR** (SAINT SÉBASTIEN), récit historique, par W. Herchenbach; traduit de l'allemand par l'abbé Gobat.

**UNE SINGULIÈRE GAGEURE**, par Marie Guerrier de Haupt.

**VIEUX PORTRAIT** (LE), par Lucie des Ages.

**WILLIE BUTLER**, suivi de SOUVENIRS DU SAHARA ALGÉRIEN, par M<sup>me</sup> Élisa Franck.

---

# FORMAT IN-12 — 1<sup>re</sup> ET 2<sup>e</sup> SÉRIES

(VOLUMES DE 288 PAGES, MESURANT 19 × 12)

Chaque volume est orné de plusieurs gravures.

| | |
|---|---|
| Broché, couverture en couleurs . . . . . . . . . . . . . . . . . . | 1 » |
| Riche cartonnage, imitation de toile, or et noir, tranche jaspée. | 1 20 |
| Percaline gaufrée, riches ornements, tranche jaspée. . . . . . . | 1 50 |
| Percaline gaufrée, riches ornements, tranche dorée. . . . . . . . | 1 90 |

**27 volumes dans la collection.**

**ALIX**, ou la Résignation, par M<sup>me</sup> Woillez.

**AVENTURES DE ROBINSON CRUSOÉ**, traduit de Daniel de Foë; nouvelle édition illustrée, 24 gravures sur bois d'après K. Girardet; 2 volumes.

**BLANCHE DE CASTILLE** (HISTOIRE DE), par Jules-Stanislas Doinel, ancien élève de l'École des chartes, bibliothécaire-archiviste de Niort.

**CHANOINE SCHMID** (ŒUVRES CHOISIES), 1<sup>re</sup> série, contenant : MARIE, OU LA CORBEILLE DE FLEURS, — ROSE DE TANNEBOURG, — LE JEUNE HENRI.

**CHANOINE SCHMID** (ŒUVRES CHOISIES), 2<sup>e</sup> série, contenant : GENEVIÈVE, — LA VEILLE DE NOEL, — LES ŒUFS DE PAQUES.

**CHANOINE SCHMID** (ŒUVRES CHOISIES), 3<sup>e</sup> série, contenant : FERNANDO, — — AGNÈS, — LE SERIN, — LA CHAPELLE DE LA FORÊT.

**CHANOINE SCHMID** (ŒUVRES CHOISIES), 4<sup>e</sup> série, contenant : LE BON FRIDOLIN, — THÉODORA, — LA GUIRLANDE DE HOUBLON.

**CHATELAINES DE ROUSSILLON** (LES), ou le Quercy au XVI<sup>e</sup> siècle, par M<sup>me</sup> la comtesse de la Rochère.

**DERNIERS JOURS DE POMPÉI** (les), imité de Bulwer Lytton, par A. Lemercier.

**FABLES CHOISIES DE LA FONTAINE**; illustration de Grandville.

**FRÈRE ET LA SŒUR** (le), ou les Leçons de l'adversité, par M^me Woillez.

**GERMAINE DE NANTEUIL**, par Marguerite Levray.

**GERSON**, ou le Manuscrit aux enluminures, par Ernest Fouinet; *ouvrage couronné par l'Académie française*.

**JEANNE D'ARC**, par M. Marius Sepet, ancien élève de l'École des chartes.

**LOUIS XI ET L'UNITÉ FRANÇAISE**, par Charles Buet.

**MARIE**, ou l'Ange de la terre, par M^lle Fanny de V...

**MARIE STUART** (histoire de), par M. de Marlès.

**MES PRISONS**, ou Mémoires de Silvio Pellico, trad. par M. l'abbé J.-J. Bourassé.

**NAUFRAGÉS AU SPITZBERG** (les), ou les Salutaires Effets de la confiance en Dieu, par L. F.

**ORPHELINE DE MOSCOU** (l'), ou la Jeune institutrice, par M^me Woillez.

**PILOTE WILLIS** (le), pour faire suite au **ROBINSON SUISSE**, par Adrien Paul; ouvrage illustré de 24 gravures sur bois d'après K. Girardet; 2 volumes.

**ROBINSON SUISSE** (le), ou Histoire d'une famille suisse naufragée; édition illustrée, 24 gravures sur bois d'après K. Girardet; 2 volumes.

**UN VOYAGE DE FARFADETS**, par Marthe Bertin.

**VIF-ARGENT**, par M^me de Stolz.

# FORMAT IN-12 — 3e SÉRIE

(VOLUMES DE 216 ET DE 180 PAGES, MESURANT 19 × 12)

Chaque volume est orné de plusieurs gravures.

| | | |
|---|---|---|
| Broché. . . . . . . . . . . . . . . . . . . . . . . . . . . | » | 45 |
| Riche cartonnage, imitation de toile, noir et or, tranche jaspée. . | » | 60 |
| Riche cartonnage, imitation de toile, noir et or, tranche dorée. . | » | 75 |

**38 volumes dans la collection.**

## BIBLIOTHÈQUE ÉDIFIANTE

★ **BIENHEUREUX JEAN-GABRIEL PERBOYRE** (Vie et martyre du), prêtre de la Congrégation de la mission Saint-Lazare, mort pour la foi en Chine, par Joseph Boucard.

**ENFANTS DE LA BIBLE** (les) par l'abbé Knell, du diocèse de la Rochelle.

**GROTTE DE LOURDES** (histoire de la), par l'abbé A. Aubert, du diocèse d'Angers.

**JEUNES SAINTES** (1^re série), par M. l'abbé J. Knell, du diocèse de la Rochelle.

**JEUNES SAINTES** (2^e série), par M. l'abbé J. Knell, du diocèse de la Rochelle.

**LÉON XIII** (histoire du pape), racontée à la jeunesse par l'abbé A. Aubert.

**MARIE LECKZINSKA** (vie de), par A.-B. de la Chaulne.

**MERVEILLES DE PARAY-LE-MONIAL** (les), par l'abbé A. Aubert.

**MONTAGNE DE LA SALETTE** (histoire de la), par l'abbé A. Aubert.

**MORALE PRATIQUE**, enseignée par l'exemple à la jeunesse française, par G. de Gérando.

**NOTRE-SEIGNEUR JÉSUS-CHRIST** (vie de), d'après l'Évangile et la tradition, par M. l'abbé Verger, du diocèse de Tours.

**SAINT ANTOINE DE PADOUE** (vie de), par Joseph Boucard.

**SAINT BENOIT** (vie et miracles de), Moine et fondateur de l'Ordre des Bénédictins, par Joseph Boucard.

**SAINT DOMINIQUE**, fondateur des Prêcheurs, d'après les documents de son siècle, par l'abbé Pradier.

**SAINTE ÉLISABETH DE HONGRIE** (histoire de), par D. S.

**SAINT FRANÇOIS D'ASSISE**, par M. l'abbé Verger.

**SAINT FRANÇOIS DE PAULE**, fondateur des Minimes, par M. l'abbé Pradier.

**SAINT FRANÇOIS DE SALES** (Vie de), instituteur de l'ordre de la Visitation Sainte-Marie, par Marsollier.

**SAINT FRANÇOIS XAVIER** (vie de), apôtre des Indes et du Japon.

**SAINTE GENEVIÈVE, PATRONNE DE PARIS** (vie de), par D. S.

**SAINT IGNACE DE LOYOLA** (vie de), par E. Peltier.

**SAINT LOUIS, ROI DE FRANCE** (histoire de), par de Bury.

**SAINT LOUIS DE GONZAGUE** (vie de), de la Compagnie de Jésus, par le P. Virgile Cepari, traduite par M. Galpin.

**SAINT MARTIN, ÉVÊQUE DE TOURS** (histoire populaire de), par N. Cruchet et A.-H. Juteau.

**SAINTS PATRONS DE L'AGRICULTURE** (les), par le comte de Grimouard de Saint-Laurent.

**SAINTS PATRONS DE L'ENFANCE** (les), par le comte de Grimouard de Saint-Laurent.

**SAINT PAUL, APOTRE DES GENTILS** (histoire de), par D. S.

**SAINT PIERRE, PRINCE DES APOTRES ET PREMIER PAPE**, par M. l'abbé Janvier, doyen du chapitre de l'église métropolitaine de Tours.

**SAINTE THÉRÈSE**, d'après les auteurs espagnols et les historiens contemporains, par M. de Villefore.

**SAINT VINCENT DE PAUL**, instituteur de la congrégation de la Mission et des Filles de la Charité, d'après M. Collet.

**SANCTUAIRES DES PYRÉNÉES** (les). Pèlerinages d'un catholique irlandais; traduit de l'anglais de Denys-Shyne Lawlor, esq., par Mme la Csse L. de l'Écuyer.

**SOUVENIRS DE CHARITÉ**, par le comte de Falloux, de l'Académie française.

⋆ **TERRE SAINTE** (la), Souvenirs et impressions d'un pèlerin, par M. l'abbé Rampillou.

**TRÈS SAINTE VIERGE** (vie de la), par M. l'abbé Bourassé, revue et abrégée par M. l'abbé P. Verger, curé de Saint-Julien de Tours.

⋆ **VÉNÉRABLE JEAN-MARIE-BAPTISTE VIANNEY, CURÉ D'ARS** (le), par Jeanniard du Dot.

**VIES DES SAINTS DE L'ATELIER** (1re série), contenant: Saint Éloi, par A.-F. Ozanam; Saint Joseph, par Michel Cornudet; Saint Crépin, par le même; Saint Cloud, par René de Saint-Mauris; Saint Théodote, par Roger de Beauffort; Saint Galmier, par le même.

**VIES DES SAINTS DE L'ATELIER** (2e série), contenant : Saint Théobald, par Roger de Beauffort; Saint Médard, par Léon Lefébure; Saint Marcel, par Laurent Laporte; Saint Fiacre, par Roger de Beauffort; Saint Aquilas, par le même.

**VISITES DES ANGES** (les), traduit de l'anglais par W. Fitz-Gerald.

# FORMAT IN-12 — 4ᵉ SÉRIE

(VOLUMES DE 144 PAGES, MESURANT 19 × 12)

### Chaque volume est orné de plusieurs gravures.

Broché. . . . . . . . . . . . . . . . . . . . . . . . . . »  35
Riche cartonnage, imitation de toile, or et noir, tranche jaspée . .  »  45
Riche cartonnage, chromo, avec reliefs, tranche blanche. . . . .  »  45
Riche cartonnage, imitation de toile, or et noir, tranche dorée. . .  »  60

### 38 volumes dans la collection.

**AVENTURES DU COUSIN JACQUES** (LES), ou les Récits du grand-père, par J. Girard.

**BAGUE ENCHANTÉE** (LA), par Mᵐᵉ Marie-Félicie Testas.

**CHAGRINS D'ARLETTE** (LES), adaptation par E. Delauney du Dézen.

**CHARLES HAMILTON**, ou MIEUX VAUT L'USURE QUE LA ROUILLE; traduit de l'anglais par Mᵐᵉ Charles Deshorties de Beaulieu.

**CŒUR D'OR**, imité de l'anglais par E. Delauney.

**COLLIER D'HÉLÈNE** (LE), suivi de : QUAND ON EST HONNÊTE, — LE BEAU PETIT PRINCE, — L'AGNEAU MORT, par Remy d'Alta-Rocca.

**DEUX PRIX DE VERTU**, par Édouard de Lalaing.

**ÉCOLIER VERTUEUX** (L'), par M. l'abbé Proyart.

**ÉDITH DE MONTBARS**, par Lucie des Ages.

**ÉLISE ET CÉLINE**, ou une Véritable Amie, par Stéphanie Ory.

★ **ENSEVELIS SOUS LA NEIGE**, traduit de l'anglais, par M. R. V.

**EXCURSIONS DE VACANCES.** Traduit de l'anglais par Louis Deshorties de Beaulieu.

**FAMILLE HARTMANN** (LA), par Marie Guerrier de Haupt, lauréat de l'Académie française.

**FILS DU CHIFFONNIER** (LE), par Camille d'Arvor.

**FORGERON DES CHAUMETTES** (LE), par Mᵐᵉ Madeleine Prabonneaud.

**GÉNÉRAL DROUOT** (LE), par le général Ambert.

**HÉRITIÈRE** (L'), suivi de : APRÈS LES ORAGES, — TROP TARD ! — FLEURS D'HIVER, — PAR LA FENÊTRE, — LES VIOLETTES DE PAQUES, — MON PREMIER REMORDS, — SOUS LE FIGUIER, — LES TROIS COURONNES, — LE CHATIMENT, — LA BAGUE DE PEAU D'ANE, par Mˡˡᵉ Marie Didier.

**HISTOIRE D'UN MAITRE D'ÉCOLE**, par Mᵐᵉ M. Prabonneaud.

**HOMME DU PHARE** (L'), par Roger Dombre.

**ISOLA**, par Roger Dombre.

**JACQUES CARTIER**, par Mériem.

**JOIES DU FOYER** (LES), par Lia Cresseden.

★ **JUIVE DE GIBRALTAR** (LA). Récit historique, par le R. P. Muiñez, de l'ordre des Augustins, traduit de l'espagnol avec l'autorisation de l'auteur, par Albert Larthe.

**MADEMOISELLE DE KERGRUN**, par Remy d'Alta-Rocca.

**MARÉCHAL FABERT** (LE), par Théophile Ménard.

**MIGNONNE**, par Pierre du Château.

**NELLY**, ou la Fille du médecin, par A.-E. de l'Étoile.

**NID PATERNEL** (LE), par Lucie des Ages.

**PÉRINE**, par Marie-Ange de T***.

**PETIT PINSON**, par Marthe Bertin.

**SABOTIER DE MARLY** (LE), Épisode de la jeunesse de Louis XIV, par J. Girard.

**SECRET DE MADELEINE** (LE), par Marie-Ange de T***.

**SYMPATHIQUE**, par Camille de Saint-Aubin.

**TANTE MERVEILLE**, par Mme M. Prabonneaud.

**TROIS JOURS DE LA VIE D'UNE REINE (1770-1790)**, par Xavier Marmier, de l'Académie française.

**UNE HEURE INSTRUCTIVE ET AMUSANTE**, par Mlle Marie O'Kennedy; ouvrage couronné par la Société d'instruction et d'éducation populaires.

**UNE JEUNE CHATELAINE AU XVIIe SIÈCLE**, par Mme Julie Lavergne.

**VISITE DE CHARLOTTE** (LA), par Mme Deshorties de Beaulieu.

# FORMAT IN-12 — 5e SÉRIE

(VOLUMES DE 108 PAGES, MESURANT 19 × 12)

Chaque volume est orné de plusieurs gravures.

```
Broché. . . . . . . . . . . . . . . . . . . . . . . . . . . . . . . .   » 25
Riche cartonnage, imitation de toile, tranche jaspée . . . . . . .   » 40
Riche cartonnage, chromo, avec reliefs, tranche blanche. . . . .   » 40
```

**55 volumes dans la collection.**

★ **AMIS DE MICHEL** (LES), par M. Maisonneuve.

**ANIMAUX EN HISTOIRES** (LES), par Mme Marie-Félicie Testas.

**ARMURIER D'HENRI IV** (L'), par Mme Marie-Félicie Testas.

**CHATEAU DES ESPRITS** (LE), Contes d'outre-Rhin, traduits par l'abbé Gobat.

**CUEILLETTE D'HISTOIRES**, par Mme de Paloff.

**DÉBUTS D'UNE PENSIONNAIRE** (LES), suivi de : LE REMÈDE MERVEILLEUX, par Marie Lecomte.

**DELPHINE**, par Stéphanie Ory.

**ENFANTS DE LA MER** (LES), par G. Delauney.

**ÉTOILE DES ROIS MAGES** (L'), par Maria de Fos.

**ÉTRENNES DE JOSÉPHINE** (LES), par Marie Franc.

**FLEURS HISTORIQUES ET LITTÉRAIRES**, par Mlle Marie O'Kennedy; ouvrage couronné par la Société d'instruction populaire.

**HEURES RÉCRÉATIVES**, Petits contes selon l'esprit du chanoine Schmid, par Henri Schwarz, traduits par M. l'abbé Gobat.

**HISTOIRE D'UNE CHATTE**, racontée par elle-même. Nouvelle traduite de l'anglais par Gustave Vallat, docteur ès lettres.

**INFLUENCE DE MARTHE** (L'), par Lucie des Ages.

**JACOPO**, suivi de : UN RAYON DE SOLEIL ; nouvelles.

**LÉGENDES PÉRUVIENNES**, par F. Duine.

**MAITRE DE L'ŒUVRE** (LE), par la baronne S. de Boüard.

**OTHON LE FAUCONNIER**, par Adrien Lemercier.

**PETIT CONTEUR ALLEMAND** (LE), d'après l'allemand de Henri Schwarz.

**PETITE MENDIANTE** (LA), par P. Marcel, suivi de : LE NID D'AIGLE, — LES PETITS BUCHERONS, — LE PETIT MUSICIEN, par A. M.

★ **POIDS D'UN MENSONGE** (LE), par A. Alhix.

**RÉCITS A PROPOS DE BÊTES**, par M<sup>me</sup> Marie-Félicie Testas.

**ROSES DE DOROTHÉE** (LES), par la baronne S. de Boüard.

**SOUVENIRS D'UNE HIRONDELLE**, par Remy d'Alta-Rocca.

**TROIS SINGES** (LES), Nouvelle, traduit de l'anglais par Gustave Vallat.

**VALLÉE D'ALMÉRIA** (LA), par M. E. W.

**VIEUX CONTES**, par Ichazo.

**VOYAGE AUTOUR DE L'ANNÉE**, par Marie Guerrier de Haupt.

**YVONNETTE**, par Lucie des Ages.

## ŒUVRES DU CHANOINE SCHMID

**AGNÈS**, ou la Petite Joueuse de luth.

**BAGUE TROUVÉE** (LA), ou les Fruits d'une bonne éducation.

**CENT PETITS CONTES** pour les enfants.

**CHARTREUSE** (LA).

**CROIX DE BOIS** (LA).

**EUSTACHE**, Épisode des premiers temps du christianisme.

**FAMILLE CHRÉTIENNE** (LA).

**FERNANDO**, Histoire d'un jeune Espagnol.

**FRIDOLIN** (LE BON) ET LE MÉCHANT THIERRY.

**FRIDOLINE** (LA BONNE).

**GENEVIÈVE**.

**GUIRLANDE DE HOUBLON** (LA).

**HENRI** (LE JEUNE).

**ITHA**, comtesse de Toggenbourg.

**LOUIS**, le petit émigré.

**MARIE**, ou la Corbeille de fleurs.

**MOUTON** (LE PETIT), suivi du VER LUISANT.

**NOUVEAUX PETITS CONTES**.

**ŒUFS DE PAQUES** (LES), suivi de THÉODORA.

**ROSE DE TANNEBOURG**.

**ROSIER** (LE), suivi de LA MOUCHE.

**ROSSIGNOL** (LE), suivi des DEUX FRÈRES.

**SEPT NOUVEAUX CONTES**.

**SERIN** (LE), suivi de LA CHAPELLE DE LA FORÉT.

**THÉOPHILE**, le petit ermite.

**VEILLE DE NOEL** (LA).

# FORMAT IN-12 — 6ᵉ SÉRIE

## POUR LE JEUNE AGE

(VOLUMES DE 72 PAGES, MESURANT 19×12)

### Chaque volume est orné de plusieurs gravures.

Cartonnage, imitation de toile, or et couleurs, tranche jaspée. . .  » 30

### 41 volumes dans la collection.

★ **AMI DE TOTI** (L'), par A. Alhix.

**ANITA ET BOB**, par René Sosta.

**AUGUSTE LE MARIN**, suivi de : LA FÊTE DU GRAND-PAPA, par René Sosta.

**BOITE AU LAIT** (LA), par Mᵐᵉ Marie-Félicie Testas.

**BOUSSOLE** (LA), suivi de : LUDOVIC LE TRICHEUR, — LES TARTINES DE CONFITURES, — LA BILLE ET LE BATEAU, — ÉLISA, — LA TACHE D'ENCRE, par M. de Chavannes.

**CHIEN ET CHAT**, suivi de : LE NID DE PERDRIX, — LA PROMENADE, — LES BONBONS, — LA TERRE QUI TOURNE, par M. de Chavannes.

**CONTES ROSES**, par Marie Thiéry.

**CONTES RUSSES**, traduits du PRINCE ODOSKIEI, par Leroy.

**CONVERSATIONS ENFANTINES**, par Mˡˡᵉ Anna Deriège.

**DEUX ORPHELINES** (LES), par René Sosta.

**DEUX VOITURES** (LES), par Marie Guerrier de Haupt.

**FILLEUL DU PERCEPTEUR** (LE), par Maria de Fos.

**FOUET DE POSTE** (LE), suivi de : LA FERME BRULÉE, — LE DOIGT COUPÉ, — PAUL ET FRANCIS, — LE CAFÉ, — LE POIVRE, — LE CHOCOLAT ET LE SUCRE, par M. de Chavannes.

**GAIETÉS ET TRISTESSES**, Nouvelles, par Mᵐᵉ Blanche de Rivière.

**IDÉES D'ENFANTS**, suivi de : UN COUP DE COMMERCE, — QUATRE JOURS DE PLUIE, — LA VENGEANCE D'ANDRÉ, — LES LEÇONS DE DANSE D'ÉMILE, par Marie Leconte.

**LE PARESSEUX ET LE TRAVAILLEUR**, suivi de : LE SINGE ET LE SOMNAMBULE, — CURIOSITÉ ET INDISCRÉTION, par Mᵐᵉ C. G.

**LOISE LA BELLE**, suivi de : LA ROSE ET LE BOUTON, — UNE POIGNÉE DE CHANVRE, — UN PETIT VOLEUR, par Camille et Gabrielle d'Arvor.

**LOUISE THOMAS**, par M. Maisonneuve.

**MARIONNETTES DE BRIOCHÉ** (LES), par Marie-Félicie Testas, suivi de : HENRI L'ORGUEILLEUX, par Marie Guerrier de Haupt.

**MÉMOIRES DE JEAN**, par Maria de Fos.

**MENDIANT DE CONSTANTINOPLE** (LE), par Frédéric Kœnig.

**MON AMIE JEANNE**, par Mˡˡᵉ Marie Poitevin.

**MON FRÈRE JEAN**, suivi de : COMMENT J'AI AIMÉ LA GÉOGRAPHIE, — LES MALADRESSES DE FANCHE, par Marie Leconte.

**NEVEUX DE TANTE GERMAINE** (LES), par M<sup>me</sup> Lucie des Ages.

**PAQUERETTE ET BOUTON D'OR**, suivi de : L'HIRONDELLE, — LA COURSE, — LA FABLE, par M<sup>me</sup> C. G.

**PASSE-TEMPS DES JOURS DE PLUIE** (LE), Extraits des récits de M. Jean-Antoine, par M<sup>me</sup> Marie-Félicie Testas.

**PÈRE CONTE-TOUJOURS** (LE), récits d'un vieux matelot, par Marie Guerrier de Haupt, lauréat de l'Académie française.

**PETITS GARÇONS ET PETITES FILLES**, par Remy d'Alta-Rocca.

**PETIT LUDOVIC** (LE), suivi de : LE BALLON, — LES CHIFFONS, — LES CERISES, par M. de Chavannes.

**PETIT TURBULENT** (LE), suivi de : LA CHENILLE, — LA TARTE A LA CRÈME, — CLOTILDE, — MOUSTACHE OU L'ENFANT VOLÉ, par M<sup>me</sup> C. G.

**PLAISIRS DU BORD DE LA MER** (LES), par C. G.

**RÉCITS SCANDINAVES**, traduits par M<sup>me</sup> Maisonrouge.

**ROSES DE MON PARRAIN** (LES), suivi de six autres nouvelles, par Mary Léon.

★ **SABOTS DE MARIE-ANNE** (LES), par M<sup>me</sup> Vattier.

**SAINT-VORLE** (LA), par M<sup>me</sup> Maria de Fos.

**SERVANTE DU NOTAIRE** (LA), par la baronne S. de Boüard.

**TANTE VÉRONIQUE** (LA), Récits, par M<sup>me</sup> Marie-Félicie Testas.

**TRÉSOR DE JEAN LOUPEAU** (LE), suivi de cinq autres nouvelles, par E. Muller.

**TROIS CONTES ANGLAIS**, par Adam de l'Isle.

**UNE MOSAIQUE**, cinq historiettes, par Eugène Muller.

**YEYETTE LA TRICHEUSE** ET DAME JEANNE LA COQUETTE, par Maria de Fos.

# FORMAT PETIT IN-12

(VOLUMES DE 72 PAGES, MESURANT 17 × 11)

### Chaque volume est orné de plusieurs gravures.

Riche cartonnage, imitation de toile, tranche jaspée. . . . . . . . ×  25
Riche cartonnage, chromo, tranche blanche . . . . . . . . . . . »  23

### 38 volumes dans la collection.

**AIEULE** (L'), par la baronne S. de Boüard.

**BONS PETITS CŒURS**, par M. Maisonneuve.

**BRACONNIER DE GOUEBON** (LE), par M<sup>me</sup> Fanny de Mouzay.

**CABANE DU BUCHERON** (LA), par L***.

**CASSETTE DE BIJOUX** (LA), suivi de divers autres contes, par M<sup>me</sup> la comtesse de la Rochère.

**CATHERINE**, OU LE TRÉSOR DE LA MAISON, par Maurice Barr.

**CERF APPRIVOISÉ** (LE), par M<sup>me</sup> Marie-Félicie Testas.

**COMÉDIE AU PENSIONNAT** (LA). Deux vaudevilles pour jeunes filles : LA FÊTE D'UNE MÈRE, — LA FIN DES VACANCES, par Marie Guerrier de Haupt.

**COUSINE MADELON** (LA), par Marie Guerrier de Haupt.

**EMMA L'ORGUEILLEUSE**, par Mme C. G***.

**ÉPINGLES A LA CHANDELLE** (LES), par Marie Guerrier de Haupt.

★ **FEMME INTRÉPIDE** (LA), suivi de plusieurs contes; traduit de l'allemand, par M. l'abbé Gobat.

**GAMIN DE PARIS** (LE), ou le Choix d'un état, par Stéphanie Ory.

**HONNÊTE OUVRIER** (L'), suivi de divers autres contes, par Mme la comtesse de la Rochère.

**HYACINTHE**, ou le Secret bien gardé, par Mme Marie-Félicie Testas.

**ILE ENCHANTÉE** (L'), par Mme la comtesse de la Rochère.

**JEUNE MEUNIÈRE** (LA), par Mme Camille Lebrun.

**JOSEPH SAULE**, imité de l'allemand, par Marcelle de Saint-Edme.

**LIVRE DE PETIT JEAN** (LE), par Frichet.

**MAITRE HEINRICH LE JOYEUX PETIT TAILLEUR** (HISTOIRE DE), par Marie Guerrier de Haupt.

**MISS CENDRILLON**, par la baronne S. de Boüard.

**MONSIEUR DAGOBERT**, suivi de cinq autres histoires, par Marie Guerrier de Haupt.

**MOULIN DE MAITRE BÉNÉDICT** (LE), par Mme de Paloff.

**NID D'AIGLE** (LE), ou les Enfants courageux, par A. M.

★ **NOEL DE JOSÉ** (LE), par M.-A. Albix.

**NOS PETITS CAMARADES**, par Marie Guerrier de Haupt.

**NUAGES BLEUS** (LES), par Mme C. G***.

**PART DU PAUVRE** (LA), par Alexis Muenier.

**PETIT FANFARON** (LE), par Mme la comtesse de la Rochère.

**PETITS FRÈRES PROVENÇAUX** (LES), par Just Girard.

**PETITS NATURALISTES** (LES), par M. de Chavannes de la Giraudière.

**POULES DE LA VEUVE** (LES), suivi de divers autres contes, par M. Louis de Tesson.

**SALTIMBANQUES** (LES), par A. M.

**SIMÉONI L'ASTROLOGUE**, par Mme Élisabeth Doré.

**SOIRÉES INSTRUCTIVES ET AMUSANTES**, par Mme de ***.

**TONY DE KANDERGRUND**, imité de l'allemand, par Marcelle de Saint-Edme.

**WALTER LE PARESSEUX.**

**VIOLON DE JACQUES** (LE,) par Marie Thiéry.

# FORMAT IN-18

(VOLUMES DE 72 PAGES, MESURANT 15 ✕ 9)

**Chaque volume est orné de plusieurs gravures.**

Riche cartonnage, imitation de toile, tranche jaspée. . . . . . . . .  » 22
Riche cartonnage, chromo, tranche blanche . . . . . . . . . . .  » 22

**37 volumes dans la collection.**

**ANNETTE LA RIEUSE**, par Marie Guerrier de Haupt.

**BAPT.STE ET FRANÇOISE**, imité de l'allemand, par Marcelle de Saint-Edme.

**BERTHILDE**, par M<sup>me</sup> la comtesse de la Rochère.

**BETHLÉHEM** (LE), par M<sup>me</sup> Élise Voïart.

**BOSSU COURAGEUX** (LE), par C. G***.

**BOUCHON DE CARAFE** (LE), par C. G***.

**BOUTON-DE-ROSE**, par M<sup>me</sup> de Paloff.

**CASQUETTE DU VIEUX MENDIANT** (LA), par C. G***.

**CINQ ANS DE MONSIEUR PAUL** (LES), par M. Maisonneuve.

**COURONNE DE ROSES** (LA), par M<sup>me</sup> la comtesse de la Rochère.

**DANIEL O'CONNOR**, par C. G***.

★ **DÉBUTS DE GROS JEANNOT** (LES), par M.-A. Alhix.

**DÉNICHEURS D'HISTOIRES** (LES), par Marie Guerrier de Haupt.

**DÉSOBÉISSANCES DE JEANNETTE** (LES).

**DOUCE INFLUENCE**, par M. Maisonneuve.

**DRAME DE NOIRCOURT** (LE), par C. G***.

**FAMILLE MIMITON**, par M. Maisonneuve.

**FÊTE DE BON PAPA** (LA), par M. Maisonneuve.

**FILS DU CAPITAINE KERKADEC** (LE), par M. de Chavannes.

**FLUTE BRISÉE** (LA).

**LISON ET MANON**, par M<sup>me</sup> Marie-Félicie Testas.

**MARMITON ROUGE** (LE), par le comte d'Ibarrart d'Etchegoyen.

**MEILLEUR PROTECTEUR** (LE), imité de l'allemand, par Marcelle de Saint-Edme.

**MINE DE HOUILLE** (LA), par M. de Chavannes.

**MONTREUR D'OURS** (LE), par C. G.

**ORPHELINS** (LES), par Lucie des Ages.

**PAULINE**, OU LA BONNE PETITE FILLE.

**PETIT ANIER** (LE), par C. G.

**PETITE ROSE**, imité de l'allemand, par Marcelle de Saint-Edme.

**POLTRONNERIE** (LA), par C. G***.

**POULES AUX ŒUFS D'OR** (LES), par le comte d'Ibarrart d'Etchegoyen.
**PRINCESSE VIOLETTE** (LA), par M<sup>me</sup> Élisabeth Doré.
**SARBACANE** (LA), par M. de Chavannes.
**TANTE AGLAÉ** (LA), par M<sup>me</sup> la vicomtesse de Saint-P***.
**THOMAS KOET**, par C. G.
★ **UNE VILAINE HABITUDE**, par M. Maisonneuve.
**VIEUX POULOT** (LE).

# BIBLIOTHÈQUE

# DE L'ENFANCE CHRÉTIENNE

50 Opuscules de 36 pages in-18, gravure.

COUVERTURE EN COULEUR D'APRÈS BERTALL

La collection, piquée-rognée. 3 fr.

ABEILLES (LES).
AMITIÉ (L').
ANATOLE, ou le Jeune Pêcheur.
ANGE GARDIEN (L').
ANGÉLIQUE CAGGIOLI.
ANIMAUX TOURMENTÉS (LES).
BASSE-COUR (LA).
BENJAMIN, ou les Mauvais Livres.
CAROLINE, ou le Modèle des écolières.
CATÉCHISME DE LA MADELEINE (LE).
COMMENT ON APPREND A CONNAÎTRE DIEU.
CONSTANCE, ou la Fille de l'exilé.
DEUX TULIPES (LES).
DIEU VOIT TOUT.
DONATIEN, ou le Pouvoir de l'amitié.
ENFANTS BIENFAISANTS (LES).
ENFANTS QUERELLEURS (LES).
ERNEST, ou les Suites de l'ambition.
FILS DÉNATURÉ (LE).
GERMAIN, ou l'Amour du travail.
IBRAHIM.
IMAGE DE LA VIERGE (L').
JEUNE MALADE DE DIX ANS (LA).
JOURNÉE PLUVIEUSE (LA).
JULES HORST.

LOUIS D'OR (LE).
MÉNAGERIE (LA).
MISSIONNAIRE EN ALGÉRIE (LE).
MOINEAU (LE).
M. COURTIN, ou les Suites d'un bienfait.
NID D'OISEAU (LE).
OLIVIER, ou le Mauvais Sujet converti.
PAUVRE HONTEUX (LE).
PÊCHE DE LA BALEINE (LA).
PETITE FILLE DÉSOBÉISSANTE (LA).
PETIT FAINÉANT (LE).
PETIT MATELOT (LE).
PETITS DÉSERTEURS (LES).
PETITS ORPHELINS (LES).
PETITS PÊCHEURS (LES).
PETITS SOLDATS (LES).
PIERRE.
PIEUSE PETITE FILLE (LA).
PROMENADE (LA).
PROPRETTE.
RECONNAISSANCE FILIALE (LA).
RUINES DU VIEUX CHATEAU (LES).
TIR DE L'ARC (LE).
UN JOUR A LA FERME.
VIEUX GARDE-CHASSE (LE).

# BIBLIOTHÈQUE DES PETITS ENFANTS

## 1<sup>re</sup> SÉRIE — FORMAT IN-32 JÉSUS

(VOLUMES DE 64 PAGES, MESURANT 13×8)

Chaque volume est orné de plusieurs gravures.

Riche cartonnage, imitation de toile . . . . . . . . . . . »  20
Riche cartonnage, chromo . . . . . . . . . . . . . . . . »  20

### 30 volumes dans la collection.

A CHACUN SON MÉTIER, par M<sup>me</sup> de la R****.
ARCHERS DE DUNKERQUE (LES).
AUBERGE DU PIGEON-BLANC (L'), suivi de : UNE PROMENADE DANS LES BOIS.
BUTIN DU VIEUX SOLDAT (LE), suivi de : LES ENFANTS ÉGARÉS, par M<sup>me</sup> de la R****.
CHATEAU DE ROSSMORE (LE).
COFFRET D'ARGENT (LE), suivi de : LES PETITS JARDINIERS.
COMMENT ON APPREND A BIEN LIRE, par M<sup>me</sup> Élise Voïart.
COUVERTURE DE LAINE (LA).
CRUAUTÉ PUNIE (LA).
DEUX SAVOYARDS (LES).
FANTÔME (LE), par M<sup>me</sup> de la R****.
FERME DE M GERBOIS (LA).
FILLE DE L'EXILÉ (LA).
GARDEUR DE DINDONS (LE), par M. de Chavannes.

GRAND TÉNÉBRAKA (LE).
JEUNES MARAUDEURS (LES), imité de miss Edgeworth.
JULES HORST.
MAURICE.
MAUVAIS SUJET (LE).
MÉNAGERIE (LA).
PARDON ET OUBLI.
PARESSE CORRIGÉE (LA).
PÊCHE DE LA BALEINE (LA).
PETITS PÊCHEURS (LES).
PHILIPPE LE VANNIER.
PRINCE ALONZO (LE).
SABINE ou le Modèle des petites écolières.
SOLIMAN, suivi de : L'ILE DÉSERTE.
SOPHIE ET FRANÇOIS, suivi de plusieurs petits contes.
VÉSUVE (LE), par M. de Chavannes.

## 2<sup>e</sup> SÉRIE — FORMAT IN-32 CARRÉ

(VOLUMES DE 64 PAGES, MESURANT 11×7)

Chaque volume est orné de plusieurs gravures.

Riche cartonnage, imitation de toile . . . . . . . . . . . »  15
Riche cartonnage, chromo . . . . . . . . . . . . . . . . »  15

### 20 volumes dans la collection.

ANNA, par M<sup>me</sup> Élise Voïart.
CANARD DE LÉONIE (LE), suivi de : LES MOUTONS DANS LES BOIS.
CHEVAL DE BOIS (LE).
CONTES DE BERQUIN.
CONVERSATIONS ET HISTORIETTES DE BERQUIN.
GUILLAUME, suivi de contes divers.
JULIENNE, par M<sup>me</sup> de la Rochère.
LÉONIE ET CONRAD, par M<sup>me</sup> de la Rochère.
MA BONNE MARTHE.
MANON, par M<sup>me</sup> Marie-Félicie Testas.

MÉDOR LE BON CHIEN, par M<sup>me</sup> Élise Voïart.
MICHEL LE COLPORTEUR.
NID DE PINSON (LE), par M<sup>me</sup> Élise Voïart.
PATINEURS (LES).
PÈRE SIMON (LE), suivi de divers petits contes ; traduit de l'allemand.
PETITE FILLE VOUÉE AU BLANC (LA).
PETITE MARRAINE (LA), suivi de : LA BAGUE PERDUE, par M<sup>me</sup> Marie-Félicie Testas.
QUATRE SAVOYARDS (LES).
RÉCOMPENSE (LA).
VALENTINE, par Stéphanie Ory.

V

# BIBLIOTHÈQUE PIEUSE

PUBLIÉE AVEC APPROBATION

## DE MONSEIGNEUR L'ARCHEVÊQUE DE TOURS

————⊷—✳—⊶————

## 1<sup>re</sup> SÉRIE — FORMAT GRAND IN-32

(MESURANT 12×8)

Chaque volume est orné d'une gravure d'après Hallez.

```
Broché. . . . . . . . . . . . . . . . . . . . . . . . . . . .   »  45
Imitation de basane noire, tranche rouge . . . . . . . . . .   »  60
Percaline gaufrée, tranche rouge . . . . . . . . . . . . . .   »  65
Reliure anglaise, basane gaufrée à froid, tranche marbrée. .   »  75
Reliure anglaise, basane, ornements à froid, tranche dorée.   1   5
Basane grenat, reliefs, tranche dorée . . . . . . . . . . . .   1  10
Chagrin gaufré à froid, tranche dorée . . . . . . . . . . . .   1  90
```

**30 volumes dans la collection.**

**ANGE CONDUCTEUR DES ENFANTS** (L') pendant l'année de leur première communion, par l'abbé Rauval, vicaire général de Perpignan.

**AVANT ET APRÈS LA SAINTE COMMUNION**, nouvelles Méditations pour la préparation et l'action de grâces chaque jour du mois, par M. l'abbé Ant. Ricard, docteur en théologie; ouvrage approuvé par Mgr l'archevêque de Tours et par NN. SS. les évêques de Marseille, de Carcassonne et de Rodez.

**COMBAT SPIRITUEL ET PAIX DE L'AME**, suivis du Livre des malades, par le R. P. Laurent Scupoli; traduction littérale d'après le texte italien, par M. l'abbé Fitte, chanoine honoraire, aumônier de Notre-Dame-de-Lorette.   (N° 69.)

**DÉVOTION AU GLORIEUX SAINT JOSEPH**, considérations, prières, cantiques; ouvrage approuvé par Mgr l'évêque de Luçon.

**DU ROSAIRE A L'EUCHARISTIE**, par M. l'abbé Bas.

**FROMENT DES ÉLUS** (LE), par Arvisenet.

**GUIDE DE LA PIEUSE PENSIONNAIRE**, à l'usage des pensions et de toutes les maisons religieuses d'éducation.

**IMITATION DE JÉSUS-CHRIST**, avec Prières et Pratiques de Gonnelieu, augmentée de la Messe et des Vépres du Dimanche.   (N° 65.)

**IMITATION DE LA TRÈS SAINTE VIERGE**, sur le modèle de l'*Imitation de Jésus-Christ*, par l'abbé ***, augmentée de la Messe.   (N° 66.)

**INTRODUCTION A LA VIE DÉVOTE**, par saint François de Sales.   (N° 35.)

**JÉSUS-ADOLESCENT**, Modèle des jeunes chrétiens, par le R. P. Pierre Pralon, de la Compagnie de Jésus.

**JOURNÉE DU CHRÉTIEN** (LA), à l'usage de Rome.   (N° 22.)

**LA PREMIÈRE COMMUNION**, RÈGLEMENT DE VIE POUR LA PERSÉVÉRANCE, par M<sup>me</sup> la comtesse de Flavigny.   (N° 110.)

**LE PLUS BEAU JOUR DE LA VIE**, ouvrage dédié aux enfants qui se disposent à la première communion, par M. l'abbé M.

**LIVRE DE L'ENFANCE CHRÉTIENNE** (LE), par M<sup>me</sup> la C<sup>sse</sup> de Flavigny. (N° 72.)

**MANUEL DE L'ASSOCIATION UNIVERSELLE DES FAMILLES CHRÉTIENNES** consacrées à la sainte Famille de Nazareth, contenant des instructions, des prières et des chants, par l'abbé L. Finot, missionnaire apostolique.

**MOIS DE MARIE DE LA JEUNESSE CHRÉTIENNE**, par M. l'abbé Michaud.

**MOIS DU SACRÉ CŒUR DE JÉSUS** (NOUVEAU), dédié aux associés du saint Rosaire, par l'abbé Pallu de la Barrière.

**NOUVEAU MOIS DE MARIE**, par M. l'abbé Robert.

**NOUVELLES MÉDITATIONS SUR L'EUCHARISTIE**, par l'abbé Ant. Ricard, docteur en théologie, chanoine honoraire de Marseille et de Carcassonne; suivies de deux Méditations inédites sur le même sujet, par Mgr de la Bouillerie, évêque de Carcassonne.

**OFFICE DE LA SAINTE VIERGE**, en latin et en français; *gros caractères*. (Nº 28.)

**PAIN DES ENFANTS** (LE), ou Trente jours de préparation à la première communion, par Mlle Dorothy Smith.

**POUVOIR DE MARIE**, ou Paraphrase du *Salve Regina*, par saint Liguori.

**PRATIQUE DE L'AMOUR ENVERS JÉSUS-CHRIST**, par St Liguori. (Nº 29.)

**PRÉPARATION A LA PREMIÈRE COMMUNION**, par M. l'abbé Michaud.

**RECUEIL DE PRIÈRES, DE MÉDITATIONS ET DE LECTURES**, tirées des Œuvres des SS Pères, des écrivains et orateurs sacrés, par Mme la comtesse de Flavigny. Approuvé par S. Ém. Mgr le cardinal Morlot, par S. Gr. Mgr l'archevêque de Tours et par S. Gr. Mgr l'évêque d'Orléans. (Nº 130.)

**SAINTE COMMUNION** (LA), C'EST MA VIE!... par Hubert Lebon.

**SUJETS DE MÉDITATIONS POUR LES JEUNES PERSONNES**, par M. l'abbé Michaud.

**VISITES AU SAINT SACREMENT ET A LA SAINTE VIERGE**, par saint Liguori. (Nº 70.)

**VOIX DES SAINTS** (LA), Recueil de pensées, préceptes et conseils, par Mme de Barberey.

---

## 2ᵉ SÉRIE — FORMAT IN-32 SUR PAPIER CARRÉ

### (MESURANT 11×7)

### Chaque volume est orné d'une gravure sur acier.

| | | |
|---|---|---|
| Imitation de basane, tranche rouge . . . . . . . . . . . . . . . . | » | 45 |
| Reliure anglaise, basane gaufrée à froid, tranche marbrée . . | » | 50 |
| Reliure anglaise, basane, ornements à froid, tranche dorée. | » | 75 |

### 12 volumes dans la collection.

**CHEMIN DE LA CROIX**, avec un Exercice du *Via Crucis* et du saint Rosaire. (Nº 3.)

**IMITATION DE JÉSUS-CHRIST**, traduction du R. P. de Gonnelieu. (Nº 68.)

**IMITATION DE LA TRÈS SAINTE VIERGE**, par l'abbé ***. (Nº 67.)

**JOURNÉE DU CHRÉTIEN** (LA) sanctifiée par la prière et la méditation. (Nº 51.)

**LIVRE DE PERSÉVÉRANCE** (LE), Conseils après la première communion, par G.-A. Heinrich, doyen de la Faculté des lettres de Lyon, avec une introduction de Mgr Perraud, évêque d'Autun. (*Se vend broché* 0,30.) (Nº 137.)

**MOIS DE MARIE**, par Lalomia.

**MOIS DE SAINT JOSEPH**, suivi de la Messe et des Vêpres du Dimanche.

**OFFICE DE LA SAINTE VIERGE**, en latin et en français. (Nº 39.)

**PENSEZ-Y BIEN**, ou Réflexions sur les quatre fins dernières.

**PRATIQUE DE L'AMOUR ENVERS JÉSUS-CHRIST**, par saint Liguori. (Nº 43.)

**TABLEAUX ET PRIÈRES DE LA SAINTE MESSE**, édition ornée de 40 gravures.

**VISITES AU SAINT SACREMENT ET A LA SAINTE VIERGE**, par saint Liguori. (Nº 47.)

# 3ᵉ SÉRIE — Format in-18

### (mesurant 15×9)

Broché. . . . . . . . . . . . . . . . . . . . . . . . . . . . . » 30
Riche cartonnage, imitation de toile, tranche jaspée. . . . . » 40

### 9 volumes dans la collection.

**AMOUR DE JÉSUS** (l'), inspiré à la jeunesse par de courtes lectures et des histoires choisies, par le F. P. B.

**AMOUR DE MARIE** (l'), inspiré à la jeunesse par de courtes lectures, ou Nouveau Mois de Marie.

**ENTRÉE DANS LE MONDE** (l'), ou Conseils à un jeune homme quittant l'école pour choisir un état.

**GUIDE DE L'ÉCOLIER CHRÉTIEN EN VACANCES,** suivi de Pensées chrétiennes pour tous les jours du mois.

**MOIS DE SAINT JOSEPH** de la jeunesse chrétienne.

**MOIS DU SACRÉ CŒUR** de la jeunesse chrétienne, par le F. P. B.

**MOTIFS DE ZÈLE,** ou Considérations et exemples propres à inspirer le zèle. A.M.D.G.

**SOUVENIR DE CONFIRMATION. — Les sept dons du Saint-Esprit.** Petit traité pouvant servir de neuvaine préparatoire à la fête de la Pentecôte.

**SOUVENIR DU GRAND JOUR,** ou Motifs et moyens de persévérance après la première communion, par F. P. B.

# BIBLIOTHÈQUE DES ENFANTS PIEUX

### 50 BROCHURES FORMANT CHACUNE 36 PAGES IN-18, PAPIER FIN GLACÉ

#### UN PORTRAIT ET UNE COUVERTURE IMPRIMÉE EN COULEUR

La collection piquée et rognée.  **3 fr.**

| |
|---|
| 1. Vie de Notre-Seigneur Jésus-Christ. |
| 2. S. Alexis, — S. François d'Assise, — S. François de Paule. |
| 3. S. Antoine. |
| 4. S. Augustin. |
| 5. S. Bernard. |
| 6. S. Charles Borromée. |
| 7. S. Eugène, — S. Alexandre, — S. Lauren, — S. Hippolyte. |
| 8. S. François de Sales. |
| 9. S. François Xavier. |
| 10. S. Henri, — S. Étienne, — S. Édouard. |
| 11. S. Jacques le Majeur, — S. Jacques le Mineur, — S. André. |
| 12. S. Jean-Baptiste, — S. Joseph. |
| 13. S. Jérôme. |
| 14. S. Léon. |
| 15. S. Louis de Gonzague. |
| 16. S. Louis, roi de France. |
| 17. S. Martin. |
| 18. S. Nicolas, — S. Ambroise. |
| 19. S. Paul. |
| 20. S. Philippe. |
| 21. S. Pierre. |
| 22. S. Stanislas Kostka. |
| 23. S. Thomas. |
| 24. S. Victor. — S. Maurice, — S. Georges, — S. Jules. |
| 25. S. Vincent de Paul. |

| |
|---|
| 1. Vie de la Sainte Vierge. |
| 2. Sᵗᵉ Adélaïde, - Sᵗᵉ Mathilde, — Sᵗᵉ Hélène. |
| 3. Sᵗᵉ Agathe, — Sᵗᵉ Anastasie. |
| 4. Sᵗᵉ Agnès, — Sᵗᵉ Blandine. |
| 5 Sᵗᵉ Angèle, — Sᵗᵉ Ursule. |
| 6. Sᵗᵉ Anne, - Sᵗᵉ Marthe et Marie. |
| 7. Sᵗᵉ Catherine de Sienne. |
| 8. Sᵗᵉ Cécile, — Sᵗᵉ Juste, — Sᵗᵉ Rufine, — Sᵗᵉ Natalie et S. Aurèle, son époux. |
| 9 Sᵗᵉ Claire. |
| 10. Sᵗᵉ Clotilde. |
| 11. Sᵗᵉ Élisabeth de Hongrie, — Sᵗᵉ Élisabeth de Portugal. |
| 12. Sᵗᵉ Eulalie, — Sᵗᵉ Julie, — Sᵗᵉ Juliette. |
| 13 Sᵗᵉ Félicité, — Sᵗᵉ Perpétue. |
| 14. Sᵗᵉ Geneviève, — Sᵗᵉ Colette. |
| 15. Sᵗᵉ Isabelle, — Sᵗᵉ Radegonde. |
| 16. Sᵗᵉ Jeanne-Françoise de Chantal. |
| 17. Sᵗᵉ Julienne, — Sᵗᵉ Brigitte, — Sᵗᵉ Françoise. |
| 18. Sᵗᵉ Lucie, — Sᵗᵉ Flore. |
| 19. Sᵗᵉ Marguerite, — Sᵗᵉ Catherine de Suède. |
| 20. Sᵗᵉ Marie Madeleine, — Sᵗᵉ Marie-Madeleine de Pazzi. |
| 21. Sᵗᵉ Monique. |
| 22. Sᵗᵉ Philomène, — Sᵗᵉ Irène. |
| 23 Sᵗᵉ Rose de Lima, — Sᵗᵉ Euphrasie. — Sᵗᵉ Julienne Falconiéri, — Sᵗᵉ Bertille. |
| 24. Sᵗᵉ Thérèse. |
| 25. Sᵗᵉ Victoire, — Sᵗᵉ Marie, servante, — Sᵗᵉ Denise. |

# LITURGIE ROMAINE

**Il est accordé à MM. les Libraires une remise de 33 %
sur les prix des ouvrages de liturgie.**

*Un catalogue spécial avec feuilles spécimens des différentes éditions
sera adressé à tous les clients qui en feront la demande.*

## MISSALE ROMANUM

**MISSALE ROMANUM**, *ex decreto sacrosancti Concilii Tridentini restitutum,
S. Pii V Pontificis Maximi jussu editum ; Clementis VIII, Urbani VIII et Leonis XIII
auctoritate recognitum; editio accuratissima, novis Missis ex indulto apostolico
concessis aucta;* SPLENDIDE ÉDITION ILLUSTRÉE in-f°, mesurant 36×28;
texte noir et rouge encadré, six cent dix bois dans le texte, d'après Hallez et
Leniept; une gravure sur acier.

*Approuvée par la Sacrée Congrégation des Rites.*

| | | |
|---|---|---|
| Broché | 31 | » |
| Chagrin noir, ornements à froid, tranche dorée | 52 | » |
| [Nᵒ 100] Chagrin 1ᵉʳ choix, noir, dentelle dorée, tranche dorée | 66 | » |
| Chagrin 1ᵉʳ choix, rouge et autres couleurs, dentelle dorée, tranche dorée | 70 | » |
| La même reliure, avec tranche marbrée dorée ou tranche rouge sous or | 72 | » |

**La même ÉDITION, avec HUIT MAGNIFIQUES ESTAMPES d'après HALLEZ**

| | | |
|---|---|---|
| Broché | 38 | » |
| Chagrin 1ᵉʳ choix, noir, dentelle dorée, tr. dorée | 74 | » |
| Chagrin 1ᵉʳ choix, rouge et autres couleurs, riche dentelle dorée, tranche dorée | 78 | » |
| [Nᵒ 101] La même reliure avec tranche marbrée dorée ou tranche rouge sous or | 80 | » |
| Splendide reliure en maroquin du Levant, rouge ou autres couleurs, riche dentelle dorée, tranche marbrée dorée ou tranche rouge sous or | 104 | » |
| La même reliure, avec gardes en soie | 128 | » |

## MISSÆ PRO DEFUNCTIS E MISSALI ROMANO EXCERPTÆ

NOUVELLE ÉDITION TIRÉE EN NOIR ET ROUGE

*Revue et approuvée par la Sacrée Congrégation des Rites*

TEXTE ENCADRÉ D'UN FILET ROUGE

**1 volume in-4°, mesurant 33×23.**

| | | |
|---|---|---|
| Basane noire, gaufrée à froid, tranche marbrée | 5 | 25 |
| Chagrin noir, ornements à froid, tranche dorée | 9 | » |

# MISSALE ROMANUM

*Ces éditions, revues avec le plus grand soin, sont approuvées par la Sacrée Congrégation des Rites.*

### ÉDITION in-4°, mesurant 33 × 25, imprimée en NOIR et ROUGE

Avec une belle gravure sur acier et des lettres ornées, par L. Hallez.

|  |  |  |
|---|---|---|
| Broché . . . . . . . . . . . . . . . . . . | 14 | 75 |
| Reliure propre bordée . . . . . . . . . . . | 24 | 25 |
| Basane gaufrée, filets sur plat, tranche marbrée . . . . | 24 | 25 |
| Basane gaufrée, filets sur plat, tranche dorée . . . . | 27 | » |
| Chagrin noir, ornements à froid, tranche dorée . . . . | 29 | 50 |
| Chagrin 1er choix, noir, ornements dorés, tranche dorée . . . | 39 | 50 |
| [N° 83] Chagrin 1er choix, rouge ou autres couleurs, ornements dorés, tranche dorée . . | 40 | 50 |
| Chagrin 1er choix, rouge ou autres couleurs, dentelle dorée, tranche dorée . . | 47 | » |
| Maroquin du Levant, rouge ou autres couleurs, dentelle dorée, tranche marbrée dorée ou tranche rouge sous or . . | 63 | » |
| La même reliure avec gardes en soie . . . . . . . . | 83 | » |

### ÉDITION in-4°, mesurant 33 × 25, imprimée en NOIR

|  |  |  |
|---|---|---|
| Broché . . . . . . . . . . . . . . . . | 11 | » |
| Reliure propre bordée . . . . . . . . . | 20 | » |
| Basane gaufrée, filets sur plat, tranche marbrée . . . . | 20 | » |
| [N° 58] Basane gaufrée, filets sur plat, tranche dorée . . . . | 22 | » |
| Chagrin noir, ornements à froid, tranche dorée . . . . | 25 | » |
| Chagrin 1er choix, noir, ornements dorés, tranche dorée . . | 35 | » |
| Chagrin 1er choix rouge ou autres couleurs, ornements dorés, tranche dorée . . . . . . | 36 | » |

### ÉDITION PETIT IN-4°, mesurant 28 × 19, imprimée en NOIR et ROUGE,
### ornée d'une gravure sur acier.

|  |  |  |
|---|---|---|
| Broché . . . . . . . . . . . . . . . | 11 | » |
| Reliure propre bordée, tranche peigne . . . . . . . | 16 | » |
| Basane gaufrée, filets dorés, tranche peigne . . . . . | 16 | » |
| Basane gaufrée, filets dorés, tranche dorée . . . . . | 17 | 50 |
| Chagrin noir, ornements à froid, tranche dorée . . . . | 21 | 50 |
| [N° 143] Chagrin 1er choix, noir, ornements dorés, tranche dorée . . | 28 | 50 |
| Chagrin 1er choix, rouge ou autres couleurs, ornements dorés, tranche dorée . . . . | 29 | 50 |
| Maroquin du Levant, rouge ou autres couleurs, ornements dorés, tranche marbrée dorée ou rouge sous or . . . | 47 | 50 |
| La même reliure avec gardes en soie . . . . . . . | 62 | 50 |

# RITUALE ROMANUM

### 1 volume in-16, mesurant 16 × 10.

Édition avec chant, **ornée d'un filet rouge** et d'un grand nombre de **vignettes, imprimée en noir et rouge.**

|  |  |  |
|---|---|---|
| Broché . . . . . . . . . . . . . . . . . . . | 2 | 50 |
| Basane noire, filets et chiffre à froid, tranche jaspée . . . . | 4 | » |
| Chagrin noir, tranche dorée . . . . . . . . . . . | 5 | 50 |

### LA MÊME ÉDITION, sur papier INDIEN
VOLUME DE POCHE, TRÈS MINCE, TRÈS LÉGER, TRÈS PORTATIF

|  |  |  |
|---|---|---|
| Broché . . . . . . . . . . . . . . . . . . | 3 | 50 |
| Chagrin noir, ornements à froid, tranche dorée . . . . | 6 | 50 |
| Chagrin 1er choix, noir, reliure molle, tranche dorée . . . . | 9 | » |

# BRÉVIARIUM ROMANUM

### DEUX VOLUMES IN-16, MESURANT 16 × 10

**NOUVELLE ÉDITION**, tirée en NOIR et ROUGE sur papier INDIEN teinté,
spécialement fabriqué,
très mince et très solide sans être transparent.

|  |  |  |
|---|---|---|
| Broché | 17 | » |
| Chagrin 2° choix, noir, ornements à froid, tranche dorée. | 25 | » |
| Chagrin 1er choix, noir, ornements à froid, tranche dorée. | 27 | » |
| Chagrin 1er choix, couleur, ornements à froid, tranche dorée | 28 | 50 |
| Chagrin 1er choix, noir, ornements dorés, tranche dorée | 28 | 50 |
| Chagrin 1er choix, couleur, ornements dorés, tranche dorée. | 30 | » |
| [N° 74] Chagrin 1er choix, noir, reliure molle, coins arrondis, tranche dorée. | 28 | 50 |
| Même reliure, avec tranche rouge sous or. | 30 | 50 |
| Chagrin poli, uni, avec charnières, tranche dorée | 33 | » |
| Même reliure, avec ornements dorés. | 34 | 50 |
| Maroquin du Levant, poli, uni, tranche marbrée dorée ou tranche rouge sous or. | 39 | » |
| Même reliure, avec ornements dorés. | 40 | 50 |

*Reliures molles en chagrin 1er choix et en maroquin, aux mêmes prix
que les reliures fermes.*

### Ajouter aux prix de ce Bréviaire pour :

|  |  |  |
|---|---|---|
| Gardes en basane maroquinée rouge. | 5 | 50 |
| Gardes en peau (mouton anglais rouge). | 8 | » |
| Gardes en soie | 8 | » |

---

# BRÉVIARIUM ROMANUM

### QUATRE VOLUMES

**NOUVELLE ÉDITION** in-12, mesurant 18 × 10, imprimée en NOIR et ROUGE
sur papier INDIEN. Texte encadré d'un filet rouge.

CHAQUE VOLUME EST ORNÉ D'UNE GRAVURE SUR ACIER

|  |  |  |
|---|---|---|
| Broché | 25 | » |
| Chagrin 2° choix, noir, ornements à froid, tranche dorée | 41 | » |
| Chagrin 1er choix, noir, ornem. à froid, tranche dorée. | 48 | » |
| Chagrin 1er choix, couleur, ornem. à froid, tranche dorée. | 50 | 75 |
| [N° 88] Chagrin 1er choix, noir, reliure molle, coins arrondis, tranche dorée | 50 | » |
| La même reliure avec tranche rouge sous or. | 52 | 75 |
| Chagrin 1er choix, noir, ornements dorés, tranche dorée. | 51 | » |
| Chagrin 1er choix, couleurs, ornem. dorés, tranche dorée. | 53 | 75 |
| Chagrin poli, uni, avec charnières, tranche dorée. | 56 | » |
| La même reliure, avec ornements dorés. | 59 | » |
| Maroquin du Levant, poli, uni, tranche marbrée dorée ou tranche rouge sous or. | 64 | » |
| La même reliure avec ornements dorés. | 67 | » |

# BRÉVIARIUM ROMANUM

## QUATRE VOLUMES

**NOUVELLE ÉDITION in-12**, mesurant 19 × 11, imprimée en **NOIR** et **ROUGE**
sur papier teinté  Texte encadré d'un filet rouge

CHAQUE VOLUME EST ORNÉ D'UNE GRAVURE SUR ACIER

|  |  |  |
|---|---|---|
| Broché. | 20 | » |
| Chagrin gaufré à froid, ornements à froid, tranche dorée. | 34 | » |
| Chagrin 2ᵉ choix, noir, ornements à froid, tranche dorée. | 30 | » |
| Chagrin 1ᵉʳ choix, noir, ornements à froid, tranche dorée. | 43 | » |
| Chagrin 1ᵉʳ choix, couleurs, ornem. à froid, tranche dorée. | 45 | 75 |
| Chagrin 1ᵉʳ choix, noir, reliure molle, coins arrondis, tr. dorée. | 45 | » |
| [Nᵒ 87] La même reliure, avec tranche rouge sous or. | 47 | 75 |
| Chagrin 1ᵉʳ choix, noir, ornements dorés, tranche dorée. | 46 | » |
| Chagrin 1ᵉʳ choix, couleur, ornements dorés, tranche dorée. | 48 | 75 |
| Chagrin poli, uni, avec charnières, tranche dorée. | 51 | » |
| La même reliure avec ornements dorés. | 54 | » |
| Maroquin du Levant, poli, uni, tranche marbrée dorée ou tranche rouge sous or. | 59 | » |
| La même reliure avec ornements dorés. | 62 | » |

*Reliures molles en chagrin 1ᵉʳ choix et en maroquin, aux mêmes prix
que les reliures fermes.*

### Ajouter aux prix des Bréviaires in-12, pour :

|  |  |  |
|---|---|---|
| Gardes en basane maroquinée rouge. | 11 | » |
| Gardes en peau (mouton anglais rouge). | 16 | » |
| Gardes en soie. | 16 | » |

*Sous presse, pour paraître à Pâques 1897 :*

# BRÉVIARIUM ROMANUM

## QUATRE VOLUMES IN-12, MESURANT 15 × 9

Belle édition imprimée sur papier **INDIEN** teinté, ornée d'un grand nombre
de vignettes, de lettrines et d'un encadrement rouge, avec tous les
Offices nouveaux et sans renvois.

Bien que les caractères soient gras et très lisibles, chaque volume ne
mesure que 2 *centimètres* d'épaisseur et ne pèse, relié, que 340 *grammes*.

|  |  |  |
|---|---|---|
| Broché. | 20 | » |
| Chagrin 2ᵉ choix, noir, ornements à froid, tranche dorée. | 38 | » |
| Chagrin 1ᵉʳ choix, noir, ornements à froid, tranche dorée. | 45 | » |
| Chagrin 1ᵉʳ choix, couleurs, ornements à froid, tranche dorée. | 47 | 75 |
| Chagrin 1ᵉʳ choix, noir, reliure molle, coins arrondis, tr. dorée. | 47 | » |
| [Nᵒ 52] La même reliure, avec tranche rouge sous or. | 49 | 75 |
| Chagrin 1ᵉʳ choix, noir, ornements dorés, tranche dorée. | 48 | » |
| Chagrin 1ᵉʳ choix, couleurs, ornements dorés, tranche dorée. | 50 | 75 |
| Chagrin poli, uni, avec charnières, tranche dorée. | 53 | » |
| La même reliure, avec ornements dorés. | 56 | » |
| Maroquin du Levant, poli, uni, tranche marbrée dorée ou tranche rouge sous or. | 60 | » |
| La même reliure, avec ornements dorés. | 63 | » |

### LA MÊME ÉDITION, sur papier de CHINE

Volumes ayant le poids et l'épaisseur des Bréviaires ordinaires en ce format.

|  |  |  |
|---|---|---|
| Broché. | 16 | » |
| Chagrin 2ᵉ choix, noir, ornements à froid, tranche dorée. | 34 | » |
| Chagrin 1ᵉʳ choix, noir, ornements à froid, tranche dorée. | 41 | » |
| Chagrin 1ᵉʳ choix, couleurs, ornements à froid, tranche dorée. | 43 | 75 |
| Chagrin 1ᵉʳ choix, noir, reliure molle, coins arrondis, tr. dorée. | 43 | » |
| [Nᵒ 53] La même reliure, avec tranche rouge sous or. | 45 | 75 |
| Chagrin 1ᵉʳ choix, noir, ornements dorés, tranche dorée. | 44 | » |
| Chagrin 1ᵉʳ choix, couleurs, ornements dorés, tranche dorée. | 46 | 75 |
| Chagrin poli, uni, avec charnières, tranche dorée. | 49 | » |
| La même reliure, avec ornements dorés. | 52 | » |
| Maroquin du Levant, poli, uni, tranche marbrée dorée ou tranche rouge sous or. | 56 | » |
| La même reliure, avec ornements dorés. | 59 | » |

# BREVIARIUM ROMANUM

**ÉDITION grand in-32 jésus, mesurant 14×9, en NOIR ET ROUGE**
**sur papier de CHINE**
**illustrée de gravures sur bois dans le style du XV<sup>e</sup> siècle**

|  |  |  |
|---|---|---|
| Broché. . . . . . . . . . . . . . . . . . . . . . . . . . . . . | 15 | » |
| Chagrin gaufré à froid, ornements à froid, tranche dorée. . . | 29 | 75 |
| Chagrin 1<sup>er</sup> choix, noir, ornements à froid, tranche dorée . . | 35 | » |
| [N° 85] Chagrin 1<sup>er</sup> choix, couleur, ornem. à froid. tranche dorée. . | 37 | 75 |
| Chagrin 1<sup>er</sup> choix, noir, ornements dorés, tranche dorée. . . | 37 | 75 |
| Chagrin 1<sup>er</sup> choix, couleur, ornements dorés, tranche dorée. | 40 | 50 |
| Chagrin 1<sup>er</sup> choix, noir, reliure molle, coins arrondis, tr. dorée. | 37 | » |
| Même reliure avec tranche rouge sous or . . . . . . . . . . | 39 | 75 |

*Reliures molles en chagrin 1<sup>er</sup> choix et en maroquin, aux mêmes prix*
*que les reliures fermes.*

**Ajouter aux prix de ce Bréviaire, pour :**

|  |  |  |
|---|---|---|
| Gardes en basane maroquinée rouge. . . . . . . . . . . . . | 9 | » |
| Gardes en peau (mouton anglais rouge). . . . . . . . . . . | 13 | » |
| Gardes en soie. . . . . . . . . . . . . . . . . . . . . . . | 13 | » |

*Toutes les éditions ci-dessus, revues avec le plus grand soin, sont*
*approuvées par la Sacrée Congrégation des Rites.*

---

# BREVIARIUM ROMANUM (TOTUM)

1 VOLUME IN-12, MESURANT 18×12 · AVEC UNE GRAVURE SUR ACIER

**ÉDITION imprimée en NOIR ET ROUGE sur papier BLANC**

|  |  |  |
|---|---|---|
| Broché. . . . . . . . . . . . . . . . . . . . . . . . . . . . | 8 | » |
| [N° 94] Chagrin gaufré à froid, tranche dorée. . . . . . . . . . . | 14 | » |
| Chagrin 1<sup>er</sup> choix, noir, tranche dorée. . . . . . . . . . . | 16 | » |
| Chagrin 1<sup>er</sup> choix, noir, ornements dorés, tranche dorée. . . | 17 | 50 |

**ÉDITION imprimée en NOIR ET ROUGE sur papier de CHINE**

|  |  |  |
|---|---|---|
| Broché. . . . . . . . . . . . . . . . . . . . . . . . . . . . | 10 | 75 |
| [N° 95] Chagrin gaufré à froid, tranche dorée. . . . . . . . . . . | 16 | 75 |
| Chagrin 1<sup>er</sup> choix, noir, tranche dorée. . . . . . . . . . . | 18 | 75 |
| Chagrin 1<sup>er</sup> choix, noir, ornements dorés, tranche dorée. . . | 20 | 25 |

---

# HORÆ DIURNÆ

*Éditions revues avec le plus grand soin, et approuvées par la Sacrée*
*Congrégation des Rites.*

**1 volume in-32 raisin, mesurant 12×8, orné d'une gravure sur acier.**
**Imprimé en NOIR ET ROUGE sur papier de CHINE**

|  |  |  |
|---|---|---|
| Broché. . . . . . . . . . . . . . . . . . . . . . . . . . | 2 | 50 |
| Basane gaufrée, tranche rouge ou marbrée. . . . . . . . | 3 | 30 |
| Chagrin gaufré à froid, ornem. à froid. tr. dorée. . . . . | 4 | » |
| Chagrin 1<sup>er</sup> choix, noir, ornements à froid, tranche dorée. . | 5 | 75 |
| Chagrin 1<sup>er</sup> choix, noir, reliure molle, coins arrondis. . . . | 6 | 25 |
| Même reliure avec tranche rouge sous or . . . . . . . . | 6 | 65 |
| [N° 91] Chagrin 1<sup>er</sup> choix, noir, ornements dorés. tranche dorée. . | 6 | 50 |
| Maroquin du Levant, poli, uni, tranche marbrée dorée ou<br>rouge sous or . . . . . . . . . . . . . . . . . . . . . . | 10 | » |
| La même reliure avec gardes en soie. . . . . . . . . . . | 12 | 25 |
| Maroquin du Levant, poli, ornements dorés, tranche rouge<br>sous or ou marbrée dorée. . . . . . . . . . . . . . . . | 10 | 75 |
| La même reliure avec gardes en soie. . . . . . . . . . . | 13 | » |

*Reliures molles en chagrin 1<sup>er</sup> choix et en maroquin, aux mêmes prix*
*que les reliures fermes.*

# HORÆ DIURNÆ

ÉDITION IN-18 (GROS CARACTÈRES)

**1 volume imprimé en ROUGE et NOIR sur papier de CHINE
mesurant 15 × 9**

|  |  |  |
|---|---|---|
| Broché . . . . . . . . . . . . . . . . . . . . . . . . . . | 3 | » |
| Basane gaufrée, tranche rouge ou marbrée. . . . . . . . . | 4 | 80 |
| Chagrin gaufré à froid, ornements à froid, tranche dorée. . | 6 | » |
| Chagrin 1er choix, noir, ornements à froid, tranche dorée. . . | 9 | » |
| Chagrin 1er choix, noir, reliure molle, coins arrondis . . . . | 9 | 50 |
| La même reliure avec tranche rouge sous or . . . . . . . . | 10 | 20 |
| [Nº 92] Chagrin 1er choix, noir, ornements dorés, tranche dorée. . . | 9 | 75 |
| Maroquin du Levant, poli, uni, tranche marbrée dorée ou tranche rouge sous or. . . . . . . . . . . . . . . . . | 13 | » |
| La même reliure avec gardes en soie. . . . . . . . . . . . | 17 | 50 |
| Maroquin du Levant, poli, ornements dorés, tranche marbrée dorée ou rouge sous or. . . . . . . . . . . . . . . | 13 | 75 |
| La même reliure avec gardes en soie. . . . . . . . . . . . | 18 | 25 |

*Reliures molles en chagrin 1er choix et en maroquin, aux mêmes prix
que les reliures fermes.*

# OFFICIA VOTIVA PER ANNUM

**1 volume in-16, mesurant 16 × 10.**

Imprimé en noir et rouge, **caractères très nets et très lisibles**, édition
ornée d'un encadrement rouge; texte soigneusement revu et approuvé. Ce
volume, très portatif, contient *in extenso* les *Offices votifs* concédés par
Sa Sainteté Léon XIII, *les Psaumes des Vêpres, des Nocturnes, des Laudes,
des Petites Heures* et les nouveaux offices concédés depuis plusieurs années.
L'utilité et la commodité de ce volume, qui dispense, à certaines heures, de se
charger d'un bréviaire, sont indiscutables.

Cartonnage souple, toile noire, tranche rouge. . . . . . . .     1   50

## FEUILLETS DÉTACHÉS

À AJOUTER AUX BRÉVIAIRES, CONTENANT :

*Ps. Venite, — Te Deum, — Absolutiones et Benedictiones, — Responsoria I,
II et III Nocturni, — Psalmi ad Laudes, ad Primam, ad Tertiam, ad Sextam,
ad Nonam, ad Vesperas, — Commemorationes communes, Antiphonæ et Ver-
siculi pro Commemoratione Sanctorum.* — PRIX. . . . . . . . . . »  75

**Toutes les Reliures de nos Bréviaires, à l'exception du chagrin gaufré,
sont solidement cousues sur nerfs.**

**Les reliures des Bréviaires demandées en CHAGRIN 1er CHOIX, plats et
dos souples, sont augmentées de 4 francs pour les bréviaires en 4 volumes
et de 3 francs pour le bréviaire en 2 volumes. Ces reliures, outre la flexi-
bilité des plats, ont une endossure spéciale.**

**Les reliures en chagrin avec tranches marbrées dorées ou rouges sous
or sont augmentées de 2 fr. 75, pour les bréviaires en 4 volumes et de
2 francs pour le bréviaire en 2 volumes, plus 20 c. pour initiales dorées
ou à froid sur chaque volume.**

**CUSTODES POUR BRÉVIAIRES : In-12 et in-16, 3 fr. 40. — In-18 et in-32, 2 fr. 75
        —        DIURNAUX : In-18, 2 fr. 75. — In-32, 2 fr. 50**

**Nous nous chargeons d'adapter à nos éditions, en toutes reliures et sans
augmentation de prix, les Propres diocésains qui nous sont adressés.**

**L'exécution de ces reliures demande environ un mois.**

# OFFICES PROPRES

POUR AJOUTER AUX ÉDITIONS D'AUTRE PART

**SANS REMISE**

| | | | | | | | |
|---|---|---|---|---|---|---|---|
| **Compagnie** | Bréviaire in-12. | 2 | » | **Irlande** | Diurnal in-32. . | » | 50 |
| **de** | Bréviaire in-32. | 2 | » | **Rédempto-** | Bréviaire in-12. | 3 | 50 |
| **Jésus** | Missel in-f°. . . | 2 | » | **ristes** | Bréviaire in-32 . | 5 | » |
| — | Missel in-4°. . . | 2 | » | — | Diurnal. . . . . | » | 50 |
| — | Diurnal in-32. . | » | 50 | **Espagne** | Missel illustré in- | | |
| **Lazaristes** | Missel in-f°. . . | » | 25 | | folio. . . . . . | 2 | 50 |
| — | Missel in-4°. . . | » | 25 | — | Missel in-4°. . . | 2 | 50 |
| — | Bréviaire in-12. | 3 | » | — | Bréviaire in-12, | | |
| — | Bréviaire in-32. | 3 | » | | noir et rouge. . | 2 | 50 |
| — | Diurnal. . . . . | » | 75 | — | Bréviaire in-32, | | |
| **Canada** | Missel in-f°. . . | » | 50 | | noir et rouge. . | 2 | 50 |
| — | Missel in-4°. . . | » | 50 | — | Brév. (Totum) . | 1 | » |
| — | Bréviaire in-12. | 1 | » | — | Diurnal in-32, | | |
| — | Bréviaire in-32. | 1 | » | | noir et rouge. . | » | 50 |
| — | Diurnal in-32. . | » | 50 | **Lima** | Missel in-4°. . . | » | 50 |
| **Irlande** | Missel illust.in-f°, | | | — | Bréviaire . . . . | » | 75 |
| | noir et rouge. . | 1 | » | **Chili** | Missel in-4°. . . | 3 | 50 |
| — | Missel in-4°. . . | » | 25 | **Saint-Esprit.** | Missel . . . . . . | » | 50 |
| — | Bréviaire in-12. | 1 | » | — | Bréviaire . . . . | 1 | » |
| — | Bréviaire in-32. | » | 50 | — | Diurnal . . . . . | » | 30 |

*Nous sommes éditeurs des Offices propres pour les Missels, Bréviaires, Diurnaux
et Paroissiens des diocèses suivants :*

AGEN — ALBI — BLOIS — LA ROCHELLE — NANTES — NEVERS — ORLÉANS — RODEZ
REIMS — SAINT-DIÉ — SAINT-CLAUDE — TOURS

*Pour les Missels, Bréviaires et Diurnaux :*

CHAMBÉRY — MARSEILLE — PERPIGNAN — SAINT-JEAN-DE-MAURIENNE
SAINT-FLOUR (Missel seulement)

*Et pour les Paroissiens seulement :*

BAYONNE — BORDEAUX — BOURGES — CARCASSONNE — LUÇON — MONTPELLIER
PARIS — QUIMPER — SOISSONS

# CATÉCHISMES DIOCÉSAINS

*Nous sommes éditeurs du Catéchisme pour les diocèses de :*

AGEN — ALBI — LA ROCHELLE — TOURS

# SIGNETS, FERMOIRS, COINS ET APPLIQUES

## Prix à ajouter à toutes les Reliures :

**SIGNETS** en soie unie, glands dorés, pour Missels. . . . . . . . . . . . . . .   3   50
   —    très riches, en soie moirée, glands dorés pour Missels . . . . . . . .   5   »
   —    avec médailles dorées ou argentées, pour Paroissiens de tous formats.   »   75
   —    avec médailles argent contrôlé, pour Paroissiens de tous formats . . .   2   »
**FERMOIR** doré ou argenté, pour Missels in-4°. . . . . . . . . . . . .   1   25
**GARNITURE** de 4 coins jonc doré, pour Missels. . . . . . . . . . . .   2   50
**GARNITURE DE COINS** dorés ou argentés, pour Missels . . . . . . . . . . .   4   »
**GARNITURE** de 4 coins jonc et 2 fermoirs dorés ou argentés, pour Missels. . .   8   »
**FERMOIRS OXYDÉS** ou dorés à côtés griffes, pour vol. in-18, in-32 raisin et
carré en riches reliures. . . . . . . . . . . . . . . . . . . . . . . . . . . . .   »   50
**FERMOIRS OXYDÉS** ou dorés à côtés griffes, pour petits volumes minces.
Imitation n° 73, etc. . . . . . . . . . . . . . . . . . . . . . . . . . . . . . .   »   20
**FERMOIRS NICKELÉS** ou dorés, bandes unies, côtés griffes, pour vol. in-18,
in-32 raisin et carré. . . . . . . . . . . . . . . . . . . . . . . . . . . . . . .   »   20
**FERMOIRS DORÉS**, à jour, côtés griffes, pour vol. in-18, in-32 raisin et carré.   »   20
**FERMOIRS DORÉS** ou **NICKELÉS** pour gros volumes in-18 . . . . . . . .   »   25
**FERMOIRS** ou **GARNITURES** de **COINS** dorure ou argenture forte. . . . .   »   30
**FERMOIRS** ou **GARNITURES** de **COINS** dorés ou argentés . . . . . . . .   »   20
**FERMOIRS** ou **GARNITURES** de **COINS** blanchis. . . . . . . . . . . . .   »   20
**CROIX** ou **CHIFFRES A. M.**, argentés ou dorés . . . . . . . . . . . . . .   »   20
**FERMOIRS GRIFFES** avec reliefs ou genre dentelle pour tous volumes . . .   »   50
**FLEURS DE LIS** fantaisie oxydées reliefs . . . . . . . . . . . . . . . . . .   »   20
**SUJETS GRAVÉS** pour encoignures (3 modèles) . . . . . . . . . . . .   1   » et 1   50
**FLEURS OXYDÉES** pour encoignures, suivant la hauteur . . . . . . . . .   »   20

|  |  |  |
|---|---|---|
| APPLIQUES EN MÉTAL ÉMAILLÉES SUR TOUS VOLUMES | Bouquets. (3 modèles). . . . . . . . | » 75 |
|  | Alérions de Lorraine . . . . . . . . | » 65 |
|  | Croix de Lorraine. . . . . . . . . . | » 45 |
|  | Croix de Lorraine. . . . . . . . . . | » 35 |
|  | Fleur de lis. . . . . . . . . . . . | » 40 |
|  | Fleur de lis (2 modèles). . . . . . . | » 25 |
|  | Fleur de lis. . . . . . . . . . . . | » 15 |
|  | Croix . . . . . . . . . . . . . . . | » 75 |

# TARIF

pour les chiffres en argent niellé et maillechort gravé.

| HAUTEUR EN MILLIMÈTRES | ARGENT NIELLÉ | ARGENT GRAVÉ allongé à l'italienne | MAILLECHORT ciselé |
|---|---|---|---|
| 30 . . . . . . . | 8 fr. » | 6 fr. » | 4 fr. 50 |
| 35 . . . . . . . | 9   50 | »   » | »   » |
| 40 . . . . . . . | 11   » | 7   50 | 6   » |
| 45 . . . . . . . | 12   » | »   » | »   » |
| 50 . . . . . . . | 13   » | 9   50 | 8   » |
| 55 . . . . . . . | 14   » | »   » | »   » |
| 60 . . . . . . . | 15   » | 12   50 | 10   50 |
| 65 . . . . . . . | 16   » | »   » | »   » |
| 70 . . . . . . . | 17   » | 15   » | 12   50 |
| 75 . . . . . . . | 19   » | »   » | »   » |
| 80 . . . . . . . | 20   » | 18   » | 15   » |

**Les chiffres de trois lettres valent 1 fr. 50 en plus jusqu'à 60$^m$, et 2 fr. au-dessus.**

| | | |
|---|---|---|
| Chiffres estampés de deux lettres en imitation de vieil argent, Renaissance ou Louis XV. Hauteur 0,30$^m$ environ. | 1 | » |
| Couronnes estampées pour surmonter les chiffres ci-dessus. | » | 20 |
| Lettres en argent, gravées, pour encoignures, 0,15$^m$ . . | » | 75 |
| —              —              0,20$^m$ . . | 1 | » |
| —              —              0,30$^m$ . . | 1 | 50 |
| Lettres anglaises ornées argent,          0,30$^m$ . . | 1 | 75 |

## COURONNES

|  | Argent |
|---|---|
| 30$^{mm}$. . . . . . . . . . . . . . . . . . . . . . . . . . . . | 5 fr. » |
| 50$^{mm}$. . . . . . . . . . . . . . . . . . . . . . . . . . . . | 7   50 |
| 70$^{mm}$. . . . . . . . . . . . . . . . . . . . . . . . . . . . | 9   » |

**La fabrication des chiffres et couronnes demande environ huit jours.**

Mesure pour prendre la hauteur des chiffres.

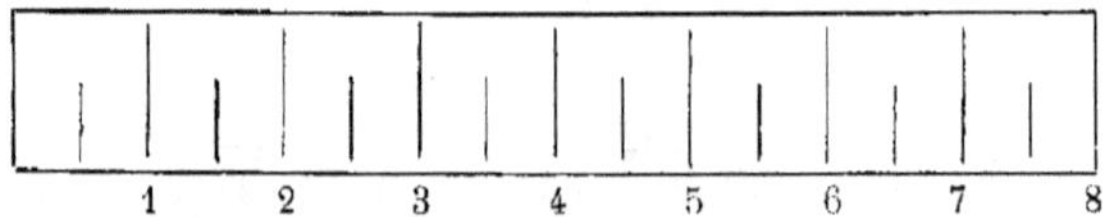



## BRACELETS POUR PAROISSIENS

### AVEC MÉDAILLES IMITATION VIEIL ARGENT

RÉUNIS PAR SIX SUR UN SEUL CARTON

3 modèles. { Cartes n°° 1 et 2, la demi-douzaine.  3 50
{ Carte n° 3, la demi-douzaine . . .  5 »

# VII

# LIVRES D'OFFICES ET DE PIÉTÉ

PUBLIÉS AVEC APPROBATION DE MONSEIGNEUR L'ARCHEVÊQUE DE TOURS

## RIT ROMAIN

GRAVURES ET TITRES SONT NOTRE PROPRIÉTÉ, ET NE SE TROUVENT QUE DANS NOS ÉDITIONS

Afin de prévenir les erreurs dans les expéditions, on est prié de rappeler le N° en regard de l'objet demandé.

*En préparation :*

# MISSEL DES SAINTS ANGES

## ILLUSTRATIONS DE MOUCHOT ET HABERT-DYS

# MISSEL ROMAIN

## DIT DE JEANNE D'ARC

L'illustration, tirée des principaux faits de la vie de la Vénérable,
se compose de six grandes compositions hors texte, tirées en héliogravure,
et de vingt frises d'après les dessins de Luc-Olivier Merson.
Le texte est orné de magnifiques encadrements dessinés par Giraldon.
La gravure a été exécutée par Thévenin et Quesnel.

Édition de grand luxe, mesurant 15 × 12, contenant l'Office des Dimanches
et des principales Fêtes de l'année.

TIRAGE SUR PAPIER VÉLIN

| | | |
|---|---|---|
| Plié, renfermé dans un portefeuille. | 9 | » |
| Maroquin poli, avec charnières, tranche dorée | 10 | 50 |
| La même reliure avec gardes en soie. | 13 | » |
| Maroquin du Levant, poli, uni, gardes riches. | 14 | » |
| La même reliure avec gardes en soie. | 16 | 50 |

[N° 161]  TIRAGE SUR PAPIER INDIEN

| | | |
|---|---|---|
| Plié, renfermé dans un portefeuille. | 13 | » |
| Maroquin du Levant, poli, uni, gardes riches. | 17 | » |
| La même reliure avec gardes en soie. | 19 | 50 |
| Riche écrin, garni en satin bouillonné, livré avec le volume. | 2 | » |

Par cent net : 50 c. de remise.

Il a été tiré de ce livre 50 exemplaires sur papier de Chine, numérotés, entièrement
souscrits par la maison FERROUD, de Paris.

# LIVRE D'HEURES

## POUR MARIAGE

### Édition de grand luxe, mesurant 15×12.

Contenant les Offices des principales Fêtes de l'année, la Messe et les Vêpres du
Dimanche, l'ordre et l'explication des cérémonies du mariage, des lectures et
des prières pour les époux, par M<sup>me</sup> la C<sup>sse</sup> de Flavigny.

**Encadrements variés, frises, culs-de-lampe,**
reproduisant les types exacts de tous les genres de dentelles
depuis les origines jusqu'à nos jours,
frontispice en couleur et quatre gravures à l'eau-forte,
d'après les dessins de Henri Carot.

(Une notice explicative des ornements accompagne cette édition.)

| | | |
|---|---|---|
| Plié et renfermé dans un portefeuille . . . . . . . . . . . . | 8 | » |
| [N° 15] Maroquin du Levant, poli, couleurs variées, gardes chromo . . | 13 | » |
| La même reliure avec gardes en soie. . . . . . . . . . . . | 15 | 50 |
| Riche écrin, garni en satin bouillonné, livré avec le volume . | 2 | » |

| | | | |
|---|---|---|---|
| GARNITURES IMITATION DE VIEIL ARGENT | 2 fermoirs pattes. . . . . . | 3 | » |
| | Équerre imitation dentelle . | 1 | 50 |
| | 2 fermoirs griffes . . . . . | 1 | » |
| GARNITURES ÉMAILLÉES | Encadrement . . . . . . . . | 7 | » |
| | Équerre. . . . . . . . . . . | 5 | » |
| | 2 fermoirs à pattes. . . . . | 7 | 50 |

*Les garnitures en argent niellé indiquées p. 60 peuvent être posées sur ce
Livre d'Heures.*

### Il a été tiré :

| | | |
|---|---|---|
| 100 exemplaires numérotés sur papier teinté. . . . . . . . . | 15 | » |
| 30 exemplaires numérotés sur papier du Japon. . . . . . . | 20 | » |

---

# LIVRE D'HEURES

## DE LA PREMIÈRE COMMUNION

### Édition de grand luxe, mesurant 15×12.

Contenant les Offices des principales Fêtes de l'année, la Messe et les Vêpres du
Dimanche et des instructions pour le jour et le lendemain de la première Communion et pour la Confirmation, par M<sup>me</sup> la C<sup>sse</sup> de Flavigny.

**Encadrements variés, frises, culs-de-lampe,**
reproduisant les types exacts de tous les genres de dentelles
depuis les origines jusqu'à nos jours,
frontispice en couleur et quatre gravures à l'eau-forte,
d'après les dessins de Henri Carot.

| | | |
|---|---|---|
| Plié et renfermé dans un portefeuille. . . . . . . . . . . . | 8 | » |
| [N° 86] Maroquin du Levant, poli, couleurs variées, gardes chromo . . | 13 | » |
| La même reliure, avec gardes en soie. . . . . . . . . . | 15 | 50 |
| Applique spéciale en imitation de vieil argent. . . . . . . . | 3 | 25 |
| Riche écrin, garni en satin bouillonné, livré avec le volume. | 2 | |

*Mêmes garnitures en métal que le Livre d'Heures (n° 15), ci-dessus.*

# HEURES ROMAINES

**Magnifique édition illustrée dans le style du XVe siècle, mesurant 15×13.**

Contenant l'Office des Dimanches et des principales Fêtes de l'année, en français et en latin; ornée de trente sujets hors texte; cent encadrements variés; texte rouge et noir (en caractères elzéviriens). — Compositions de A. QUEYROY, gravées par A. GUSMAN. — Tirage de luxe sur papier de Hollande, fabriqué spécialement par la maison VAN GELDER ZONEN, d'Amsterdam.

| | |
|---|---|
| Plié et renfermé dans un portefeuille . . . . . . . . . . . . . | 10 » |
| Maroquin poli, avec charnières, tranche dorée . . . . . . . . . | 15 » |
| La même reliure, avec gardes en soie . . . . . . . . . . | 18 » |
| Maroquin du Levant, poli, uni, tr. marbrée dorée, gardes soie. | 26 » |
| Riche écrin, garni en satin bouillonné, livré avec le volume. | 2 50 |

# HEURES DE LA SAINTE VIERGE

**Très belle édition illustrée dans le style du XVIe siècle
mesurant 15×12**

Contenant l'Ordinaire de la Messe, l'Office de la sainte Vierge, l'Office de l'Immaculée Conception, la Messe et les Vêpres de toutes les fêtes de la sainte Vierge, la Messe de Mariage, des notices sur les différentes confréries et congrégations, etc.; encadrements variés; douze magnifiques sujets de différentes couleurs imprimés en camaïeu. — Compositions de A. QUEYROY. — Texte rouge et noir (en caractères elzéviriens). — Tirage de luxe sur papier de Hollande.

| | |
|---|---|
| Plié et renfermé dans un portefeuille . . . . . . . . . . . . | 10 » |
| Maroquin poli, vert, grenat, bleu, olive, cuivre, tranche dorée. | 15 » |
| La même reliure, avec gardes en soie . . . . . . . . . . . | 18 » |
| Maroquin du Levant, poli, uni, tr. marbrée dorée, gardes soie. | 26 » |
| Riche écrin, garni en satin bouillonné, livré avec le volume. | 2 50 |

*Garnitures en argent niellé et en imitation de vieil argent pour les deux
Livres d'Heures ci-dessus du Missel n° 24, page 60.*

# LE JOUR DU MARIAGE

## PAR MADELEINE ALBINI CROSTA

### TRADUIT DE L'ITALIEN PAR M. L'ABBÉ F.-M. DIDIER

**Illustrations dans le style du XVe siècle. Compositions de Queyroy,
gravées par A. Gusman.**

| | |
|---|---|
| En portefeuille. . . . . . . . . . . . . . . . . . . . . . | 5 » |
| [N° 148] Maroquin du Levant, couleurs variées, tranche marbrée dorée. | 8 » |
| La même reliure, avec gardes en soie . . . . . . . . . | 11 » |
| Riche écrin, garni en satin bouillonné, livré avec le volume. | 2 50 |

# MISSEL ROMAIN

## DIT DES SEPT SACREMENTS

### Édition nouvelle grand in-18, mesurant 17 × 13.

Contenant les Évangiles des principales Fêtes et de tous les Dimanches de l'année,
la Messe et les Vêpres du Dimanche, etc.

**Encadrements en plusieurs couleurs sur fond or, d'après Habert-Dys ;
sept grandes planches et soixante-quatre sujets
d'après les dessins de Mouchot.**

```
               Plié et renfermé dans un portefeuille . . . . . . . . . . .   10   »
[N° 24]  Maroquin du Levant, poli, uni, gardes chromo . . . . . . .   20   »
               La même reliure, avec gardes en soie . . . . . . . . . . .   23   »

         Riche écrin garni en satin bouillonné, livré avec le volume.   2   50
```

**N. B.** — Ce volume est accompagné d'une notice explicative sur l'illustration.

---

#### Prix des garnitures pour ce Missel :

```
                         (  Fermoir large . . . . . . . . . . . . .   35   »
ARGENT NIELLÉ :  {  Garniture de 2 fermoirs à longues pattes. .   30   »
                         (  Garniture de 2 ferm. et un grand écusson .   22   »

       IMITATION        (  2 fermoirs pattes . . . . . . . . . . . .    3   »
DE VIEIL ARGENT :  {  Équerre. . . . . . . . . . . . . . . . . .    1   50
                             (  2 fermoirs griffes . . . . . . . . . . . .    1   »
```

---

# MISSEL ROMAIN

### ILLUSTRÉ DE CADRES EN OR ET PLUSIEURS COULEURS, COMPOSITIONS DE LE DOUX

#### QUATRE SUJETS HORS TEXTE EN CAMAIEU

Édition de grand luxe, contenant les Offices des principales Fêtes de l'année,
la Messe et les Vêpres du Dimanche. Mesurant 15 × 12.

```
               Plié, renfermé dans un portefeuille . . . . . . . . . . .   3   »
[N° 146]  Maroquin poli, avec charnières, tranche dorée. . . . . . . .   7   »
               La même reliure, avec gardes en soie. . . . . . . . . .   9   »
               Maroquin du Levant, uni, tranche marbrée dorée. . . . . .   10   »
               La même reliure avec gardes en soie. . . . . . . . . . .   12   »
```

#### Par cent net : 50 cent. de remise.

Riche écrin, garni en satin bouillonné, livré avec le volume.   1   50

*Garnitures en émaillé, en imitation de vieil argent et en argent niellé du
Missel n° 15, p. 58.*

# MISSEL ROMAIN

## DIT DES CATACOMBES

Magnifique édition illustrée d'après **les peintures des catacombes**, mesurant 15×12; contenant l'Office des Dimanches et des principales Fêtes de l'année.

**Encadrements variés par Ciappori; les sept Sacrements, dessins hors texte par O. Merson. Format grand in-32 jésus.**

|  |  |  |
|---|---|---|
| Maroquin poli, avec charnières, vert, grenat, hussard, olive, cuivre, tranche dorée . . . . . . . . . . . . . . . . . . | 5 | 50 |
| [N° 75] La même reliure, avec gardes en soie . . . . . . . . . . | 7 | 50 |
| Maroquin du Levant, poli, uni, gardes chromo . . . . . . . | 8 | 50 |
| La même reliure, avec gardes en soie. . . . . . . . . . . | 10 | 50 |

**Par cent net : 50 c. de remise.**

Riche écrin, garni en satin bouillonné, livré avec le volume. 1 50

PRIX DES GARNITURES POUR CE MISSEL :

|  |  |  |  |
|---|---|---|---|
| ARGENT NIELLÉ : | 2 fermoirs à pattes, modèle riche . . . . . | 27 | » |
| | 2 fermoirs à pattes . . . . . . . . . . . . | 18 | » |
| | 2 fermoirs, côtés griffes. . . . . . . . . . | 8 | » |
| | Ecusson. . . . . . . . . . . . . . . . . | 4 | » |
| IMITATION DE VIEIL ARGENT : | 2 fermoirs pattes à 1 fr. 50 et 1 fr. 80. | | |
| | Equerre . . . . . . . . . . . . . . . . | 1 | » |
| | 2 fermoirs griffes . . . . . . . . . . . . | 1 | » |
| | Encoignures gravées à 1 fr. 50 et 4 fr. 50. | | |

---

# MISSEL ROMAIN DES CATHÉDRALES

## A L'USAGE DES FIDÈLES

Contenant l'Office des principales Fêtes de l'année, les Prières du matin et du soir, les Vêpres et Complies du Dimanche, etc. Mesurant 13×12.

**Magnifique édition avec encadrements rouges.**
**108 dessins d'Alexandre de Bar, d'après toutes les cathédrales de France.**
**4 gravures en chromolithographie, reproduction de vitraux.**

|  |  |  |
|---|---|---|
| Maroquin poli, avec charnières, tranche dorée. . . . . . . | 5 | 50 |
| [N° 149] La même reliure, avec gardes en soie. . . . . . . . . . | 7 | 50 |
| Maroquin du Levant poli, uni, tranche marbrée dorée. . . . | 8 | 50 |
| La même reliure avec gardes en soie. . . . . . . . . . . | 10 | 50 |

**Par cent net : 50 c. de remise.**

Riche écrin, garni en satin bouillonné, livré avec le volume. 2 »

**N. B.** — Ce volume est accompagné d'une notice explicative sur l'illustration.

# MISSEL ROMAIN
## A L'USAGE DES FIDÈLES

Très belle édition sur papier teinté, mesurant 15×12, contenant l'Office des Dimanches et des principales Fêtes de l'année.

**Encadrements variés, compositions de Leniept. Huit belles gravures hors texte d'après Gustave Doré.**

|  |  |  |
|---|---|---|
| Mouton anglais, grenat ou vert, uni ou avec dentelle équerre à froid, gardes chromo, tranche dorée, étui. | 4 | » |
| La même reliure, avec dentelle équerre dorée. | 4 | 50 |
| La même reliure, avec dentelle dorée tournante. | 4 | 75 |
| Mouton grain long, poli, vert ou grenat, gardes chromo, tr. dorée. | 4 | 25 |
| La même reliure, avec dentelle équerre dorée. | 4 | 75 |
| [N° 1] Cuir anglais, grenat, vert, poli, tranche dorée, gardes chromo. | 4 | 25 |
| La même reliure, avec dentelle dorée tournante. | 5 | » |
| Maroquin poli, avec charnières, vert, grenat, hussard, olive, cuivre, gardes chromo, tranche dorée | 5 | 50 |
| La même reliure, avec gardes en soie. | 7 | 50 |
| Maroquin du Levant, poli, tr. marbrée dorée, gardes chromo. | 8 | 50 |
| La même reliure avec gardes en soie | 10 | 50 |

**Par cent net : 50 c. de remise.**

Riche écrin, garni en satin bouillonné, livré avec le volume.   1  50

*Garnitures en argent niellé et imitation de vieil argent du Missel n° 75, p. 61.*
*Garnitures émaillées sur or ou vieil argent du Missel n° 15, p. 58.*

# MISSEL ROMAIN ILLUSTRÉ

Très belle édition sur papier teinté, format in-32, mesurant 12×10. Contenant l'Office de tous les Dimanches et des principales fêtes de l'année, le Chemin de la Croix, etc.

**Cadres et frises par Ciappori. Quatre sujets hors texte d'après les peintures de Fra Angelico.**

|  |  |  |
|---|---|---|
| Imitation de maroquin, poli, uni, reliure souple, coins arrondis, tranche dorée, fourreau. | 2 | 25 |
| La même reliure, avec dentelle dorée tournante. | 2 | 85 |
| Mouton anglais, grenat, dentelle à froid, tranche dorée | 2 | 50 |
| La même reliure, avec dentelle équerre dorée. | 3 | » |
| Cuir anglais, poli, vert ou grenat, uni, tranche dorée | 2 | 75 |
| La même reliure, avec dentelle dorée tournante | 3 | 50 |
| [N° 120] Maroquin poli, avec charnières, grenat, vert, hussard, olive, cuivre, uni, gardes chromo, tranche dorée. | 3 | 75 |
| La même reliure, avec gardes en soie | 5 | 25 |
| Maroquin du Levant, noir, poli, gardes noires, tranche noire. | 6 | 25 |
| Maroquin du Levant, poli, uni, gardes chromo, tr. marbrée dorée. | 6 | 25 |
| La même reliure, avec gardes en soie. | 7 | 75 |

**Par cent net : 25 c. de remise.**

Riche écrin, garni en satin bouillonné, livré avec le volume.   1  50

PRIX DES GARNITURES POUR CE PAROISSIEN

IMITATION VIEIL ARGENT :   { 2 fermoirs pattes à 1 fr. 80 et 2 fr.
{ 2 fermoirs griffes.   1  »

# MISSEL ROMAIN ILLUSTRÉ

(EN GROS CARACTÈRES)

ENCADREMENTS VARIÉS PAR OULEVAY

## BELLE ÉDITION SUR PAPIER INDIEN

**Volume mince, malgré l'importance du texte et la grosseur du caractère,
mesurant 15 × 12**
**Contenant l'office de tous les Dimanches et principales Fêtes de l'année.**

QUATRE GRAVURES SUR ACIER HORS TEXTE D'APRÈS HALLEZ

|  |  |  |
|---|---|---|
| Chagrin noir, tranche dorée ou noire | 6 | » |
| [N° 159] Chagrin poli, avec charnières, couleurs variées, tr. dorée | 7 | 50 |
| La même reliure, avec gardes en soie | 9 | 50 |

**Par cent net : 50 c. de remise.**

# MISSEL ROMAIN ILLUSTRÉ

**Nouvelle édition grand in-32 jésus**, sur papier teinté, mesurant 13 × 10;
contenant l'Office de tous les Dimanches et des principales Fêtes de l'année, le
Chemin de la Croix, etc.

**Riches encadrements par Oulevay, quatre belles gravures sur acier
par Guillonnet et Hallez.**

|  |  |  |
|---|---|---|
| Imitation de maroquin. poli, uni, reliure souple, coins arrondis, tranche dorée, fourreau | 2 | 50 |
| La même reliure, avec dentelle dorée tournante | 3 | 10 |
| Mouton anglais grenat ou vert, uni ou avec équerre en relief à froid, tranche dorée | 2 | 75 |
| La même reliure, avec dentelle équerre dorée | 3 | 25 |
| La même reliure avec dentelle dorée tournante | 3 | 50 |
| Mouton grain long, poli, vert ou grenat. gardes chromo, tr. dor. | 3 | » |
| [N° 61] La même reliure, avec dentelle équerre dorée | 3 | 50 |
| Cuir anglais, grenat ou vert, poli. tranche dorée | 3 | » |
| La même reliure, avec dentelle dorée tournante | 3 | 75 |
| Maroquin poli, avec charnières, vert, grenat, hussard, olive, cuivre, gardes chromo, tranche dorée | 4 | » |
| La même reliure, avec dentelle dorée | 5 | » |
| Maroquin poli, uni, avec charnières et gardes en soie | 5 | 50 |
| Maroquin du Levant, poli, tr. marbrée dorée, gardes chromo | 6 | 50 |
| La même reliure, avec gardes en soie | 8 | » |

**Par cent net : 25 c. de remise.**

Riche écrin, garni en satin bouillonné, livré avec le volume. . 1 50

PRIX DES GARNITURES POUR CE MISSEL :

IMITATION
VIEIL ARGENT :
{ 2 ferm. pattes à 1 fr., 1 fr. 70, et 2 fr. 20.
2 fermoirs griffes. . . . . . . . . . 1 »
Encoignures à 1 fr., 1 fr. 50, 3 fr. et 4 fr.

2 fermoirs émaillés . . . . . . . . . . . . . 4 50

# PAROISSIENS DE LUXE

## ÉDITIONS TRÈS COMPLÈTES

*Pour paraître en mars :*

**NOUVEAU PAROISSIEN ROMAIN (TRÈS COMPLET).** Belle édition imprimée en noir et rouge, **sur papier indien**, orné d'une héliogravure par volume, **caractères très lisibles; 4 volumes in-32 raisin**, mesurant $11 \times 8$, contenant les Offices de tous les jours de l'année, les Épîtres et Évangiles en latin et en français, le Chemin de la Croix, etc. Tirage avec encadrement rouge.

Chagrin 1ᵉʳ choix, noir, reliure molle, tranche dorée . . . . 14 »
Chagrin 1ᵉʳ choix, La Vallière . . . . . . . . . . . . . 14 40
[N° 80] Chagrin poli, uni, avec charnières, vert, grenat, hussard, olive et cuivre, tranche dorée, gardes chromo. . . . . . 16 »
Maroquin du Levant, poli, tranche marbrée dorée. . . . 20 »
La même reliure avec gardes en soie. . . . . . . . . . . 24 »

Par cent net : **1 fr.** de remise.

---

**PAROISSIEN ROMAIN (TRÈS COMPLET): 4 volumes in-32**, mesurant $12 \times 8$. Contenant les Offices de tous les jours de l'année, les Épîtres et Evangiles en français, le Chemin de la croix, etc.

**Très belle édition sur papier teinté, encadrement rouge, frises et sujets hors texte dans le style du XVᵉ siècle, par A. Queyroy.**

Chagrin 1ᵉʳ choix, noir, tranche dorée. . . . . . . . . . 18 »
Chagrin 1ᵉʳ choix, La Vallière ou grenat, tranche dorée . . . 18 60
[N° 110] Maroquin poli, avec charnières, vert, grenat, hussard, olive, cuivre, tranche dorée, gardes chromo. . . . . . . . 20 »
Maroquin du Levant, poli, tr. marbrée dorée, gardes chromo. 28 »
La même reliure, avec gardes en soie . . . . . . . . . . 33 »

Par cent net : **1 fr. 25** de remise.

Écrin riche, garni en satin bouillonné. . . . . . . . . . . . 6 »

**PAROISSIEN ROMAIN (TRÈS COMPLET): 4 volumes in-32 petit carré** (LIVRE DE POCHE), mesurant $10 \times 7$; contenant les Offices de tous les jours de l'année, les Épîtres et Évangiles en latin et en français, le Chemin de la Croix, etc.

**Édition ornée d'un encadrement rouge et d'une gravure par volume.**

Chagrin 2ᵉ choix, noir, tranche dorée. . . . . . . . . . . 9 »
Chagrin 2ᵉ choix, La Vallière ou grenat, tranche dorée. . . 9 40
Chagrin 1ᵉʳ choix, noir, tranche dorée. . . . . . . . . . . 12 »
Chagrin 1ᵉʳ choix, La Vallière, tranche dorée. . . . . . . 12 40
[N° 79] Chagrin poli, avec charnières, vert, grenat, hussard, olive et cuivre, tr. dorée, gardes chromo . . . . . . . . . . 14 »
Maroquin du Levant, reliure molle, ouaté, coins arrondis, tranche rouge sous or . . . . . . . . . . . . . . . . . 18 »
La même reliure, avec gardes en soie. . . . . . . . . . . 22 »
Maroquin du Levant, poli, tranche marbrée dorée. . . . . 18 »
La même reliure, avec gardes en soie . . . . . . . . . . 22 »

Par cent net : **1 fr.** de remise.

LES 4 VOLUMES SONT RENFERMÉS DANS UN ÉTUI

Écrin bibliothèque, couvert en toile, avec intérieur satin, livré avec le volume. . . . . . . . . . . . . . . . . . 2 »
Écrin riche, garni en satin bouillonné . . . . . . . . . . 5 »

**OFFICES COMPLETS**, suivant le Rit romain, 4 volumes in-32 jésus (nouvelle édition), mesurant 15 × 9, contenant les Messes de tous les jours de l'année et les Offices de la semaine; ornés chacun d'une gravure sur acier d'après L. Hallez.

|  |  |  |
|---|---|---|
| Basane gaufrée, filets dorés, tranche marbrée. | 14 | » |
| Basane propre, bordée, tranche rouge unie. | 16 | » |
| Chagrin gaufré à froid, tranche dorée ou rouge | 17 | » |
| [N° **105**] Chagrin 1er choix, noir, tranche dorée, titre colorié | 21 | » |
| Chagrin 1er choix, La Vallière, tranche dorée, titre colorié. | 22 | » |
| Maroquin du Levant, poli, tranche marbrée dorée, gardes chromo, étui. | 32 | » |

Par cent net : **1** fr. **50** de remise.

**PAROISSIEN ROMAIN**, en 2 volumes minces, caractères très lisibles. Tirage soigné sur papier indien. Format in-32 jésus, mesurant 13 × 9. Contenant, en français et en latin, les Offices de tous les Dimanches et de toutes les Fêtes de l'année qui peuvent se célébrer le Dimanche, et plusieurs Offices concédés par les Souverains Pontifes.

|  |  |  |
|---|---|---|
| Chagrin 2e choix, noir, tranche dorée. | 8 | » |
| Chagrin 2e choix, La Vallière ou grenat, tranche dorée | 8 | 30 |
| [N° **56**] Chagrin 1er choix, noir, tranche dorée. | 12 | » |
| Chagrin 1er choix, La Vallière ou grenat, tranche dorée. | 12 | 30 |
| Maroquin poli, grenat ou vert, avec charnières, tranche dorée. | 14 | » |
| Maroquin du Levant, poli, tranche marbrée dorée. | 18 | » |
| La même reliure, avec gardes en soie. | 21 | » |

Par cent net : **1** fr. de remise.

# PAROISSIEN ROMAIN ILLUSTRÉ

Édition sur papier teinté, in-32 carré (512 pages), mesurant 11 × 8. Contenant les Offices de tous les Dimanches et des principales Fêtes de l'année, en latin et en français; le Chemin de la Croix, etc.

### Texte encadré, orné de gravures sur acier.

|  |  |  |
|---|---|---|
| Basane grenat, reliefs, tr. dorée, 2 fermoirs dorés, fourreau. | 1 | 40 |
| Mouton anglais, grenat, reliure souple, charnières, gardes chromo, tranche dorée, fourreau. | 1 | 65 |
| Imitation de maroquin poli, demi-souple, équerre à froid, tranche dorée, étui | 2 | » |
| Imitation de maroquin, poli, uni, reliure souple, coins arrondis, tranche dorée, fourreau. | 2 | 15 |
| La même reliure, avec dentelle dorée tournante | 2 | 75 |
| Mouton grain long, poli, grenat ou vert, tranche dorée. | 2 | 20 |
| Mouton grain long, poli, grenat ou vert, tranche rouge sous or, dentelle or, 2 fermoirs dorés | 3 | 20 |
| Cuir anglais, grenat ou vert, poli, tranche dorée. | 2 | 20 |
| [N° **2**] La même reliure, avec dentelle dorée tournante | 2 | 80 |
| Chagrin 1er choix, noir, tranche noire | 2 | 85 |
| Chagrin poli, avec charnières, grenat, vert, hussard, olive, cuivre, uni, gardes chromo | 3 | » |
| La même reliure, avec dentelle dorée | 3 | 75 |
| Chagrin poli, uni, charnières, gardes en soie. | 4 | 25 |
| Maroquin du Levant poli, uni, gardes chromo, écrin. | 4 | 50 |
| La même reliure, avec gardes en soie. | 5 | 75 |

Par cent net : **15** c. de remise.

### GARNITURES ET FERMOIRS EN CELLULOIDE, étui.

|  |  |  |
|---|---|---|
| N° 36. — Sujets en relief, 3 modèles, 1 fermoir | 2 | 50 |
| N° 37. — Sujets en relief, 3 modèles, 2 fermoirs. | 2 | 75 |
| N° 38. — Sujets incrustés, 3 modèles, 1 fermoir. | 3 | 25 |
| N° 39. — Sujets sculptés en ivoire, 3 modèles, 1 fermoir. | 3 | 25 |
| N° 40. — Sujets sculptés en ivoire, 3 modèles, 2 fermoirs | 3 | 50 |

### PRIX DES GARNITURES POUR CE PAROISSIEN

| IMITATION | ( 2 ferm. pattes (3 mod.), à 1 fr., 1 fr. 50 et 1 fr. 80. |  |  |
|---|---|---|---|
| DE VIEIL ARGENT : | { Encoignure | » | 65 |
| NICKELÉ POLI : | { 2 fermoirs pattes. | » | 70 |

**PAROISSIEN ROMAIN**, **in-32 carré** (512 pages), mesurant 11×7, contenant les Offices de tous les Dimanches et des principales Fêtes de l'année, en latin et en français; le Chemin de la Croix, etc. **Édition ornée d'un encadrement rouge.**

| | | |
|---|:--:|:--:|
| Toile noire, ornements en relief, tranche dorée | » | 75 |
| Basane grenat, ornements en relief, tr. dorée, 1 grav., cadre jonc 3 côtés, étui-fourreau. | 1 | 20 |
| La même reliure, avec 1 fermoir nickelé. | 1 | 15 |
| Mouton chagriné, noir ou grenat, tr. dorée, 2 gravures. | 1 | 05 |
| Mouton anglais, grenat, uni, tranche dorée. | 1 | 20 |
| Imitation de maroquin, demi-souple, équerre à froid, tranche dorée, fourreau | 1 | 30 |
| Mouton anglais, grenat, dentelle dorée tournante. | 1 | 70 |
| Mouton, grenat, petit chagrin, ouaté, ornements en relief à froid, tranche dorée. | 1 | 20 |
| La même reliure, avec ornements en relief, dorés et à froid. | 1 | 30 |
| Mouton, grain long, poli, grenat ou vert, ouaté, ornem. dorés et à froid, tranche dorée | 1 | 65 |
| [N° 74] Mouton grain long, poli, grenat ou vert, **uni ou équerre à froid**, tranche dorée | 1 | 65 |
| La même reliure, avec dentelle dorée tournante | 2 | 15 |
| Cuir anglais, grenat ou vert, poli, tranche dorée. | 1 | 65 |
| Imitation de maroquin, poli, uni, reliure souple, grenat, vert, ou hussard, coins arrondis, tranche dorée | 1 | 75 |
| La même reliure, avec dentelle dorée tournante. | 2 | 25 |
| Chagrin gaufré à froid, noir, tranche dorée, 3 gravures. | 1 | 55 |
| Chagrin gaufré à froid, La Vallière ou grenat, tr. dor., 3 grav. | 1 | 65 |
| Chagrin 1er choix, noir, tranche dorée, titre colorié, 4 gravures. | 2 | 25 |
| Chag. 1er choix, La Vallière ou grenat, tr. dorée, 4 gr., titre col. | 2 | 40 |
| Chagrin poli, vert, grenat, hussard, tr. dorée, gardes chromo. | 2 | 50 |

**Par cent net : 15 c. de remise.**

**GARNITURES EN IVOIRE. — Plaque et dos ivoire, 4 grav., titre en couleur, écrin.**

| | | |
|---|:--:|:--:|
| N° 1. — Plaque unie, fermoir argenté. | 6 | 75 |
| N° 2. — Croix, fermoir argenté. | 7 | » |
| N° 3. — Croix, fermoir ivoire. | 7 | 25 |
| N° 4. — Sujets sculptés, 4 modèles, fermoir argenté. | 8 | » |
| N° 5. — Sujets sculptés, 4 modèles, fermoir argenté. | 8 | 50 |
| N° 5 bis. Sujets sculptés, 4 modèles, fermoir ivoire | 8 | 75 |
| N° 6. — Sujets en encoignure, 2 modèles, fermoir ivoire | 9 | 50 |
| N° 7. — Sujets sculptés, 2 modèles, fermoir argent. | 11 | » |
| Ajouter pour un riche écrin garni velours et soie | 1 | » |

**GARNITURES ET FERMOIRS EN CELLULOIDE, étui.**

| | | |
|---|:--:|:--:|
| N° 28. — Plaques unies, cadre jonc argenté | 2 | » |
| N° 29. — Sujets en relief, 3 modèles, 1 fermoir | 2 | » |
| N° 30. — Sujets incrustés, 3 modèles, 1 fermoir | 3 | » |
| N° 32. — Sujets incrustés, bords Louis XV, 3 modèles, 1 fermoir. | 3 | 25 |
| N° 33. — Sujets sculptés en ivoire, dans un ovale, 6 modèles, 1 fermoir | 3 | 25 |
| N° 34. — Sujets incrustés, 3 modèles, 2 fermoirs | 3 | 50 |
| N° 35. — Sujets sculptés en ivoire, 6 mod., 2 fermoirs | 3 | 50 |

PRIX DES GARNITURES POUR CE PAROISSIEN

| | | | |
|---|---|:--:|:--:|
| **NICKELÉ :** | 2 fermoirs pattes à jour. | » | 60 |
| | 2 fermoirs griffes unis | » | 20 |
| | Ecusson. | » | 15 |
| **IMITATION DE VIEIL ARGENT :** | 2 fermoirs pattes. | 1 | 50 |
| | 2 fermoirs pattes, 0 fr. 70 et 1 fr. | | |
| | Encoignures à 1 fr. 25 et 0 fr. 60. | | |
| | Fermoir large | » | 90 |

**PAROISSIEN ROMAIN**, **in-32 grand jésus** (639 pages), mesurant 13×10, contenant les Offices de tous les Dimanches, en latin et en français, le Chemin de la Croix, etc. ;

**Édition de luxe imprimée en rouge et noir, et ornée de gravures sur acier.**

|  |  |  |
|---|---|---|
| Chagrin noir, gaufré à froid, tranche dorée. | 3 | 50 |
| Chagrin 1er choix, noir, tranche dorée | 4 | 50 |
| N° 32] Chagrin 1er choix, La Vallière, tranche dorée. | 4 | 65 |
| Maroquin du Levant, poli, uni, gardes en papier | 7 | 50 |
| La même reliure, avec gardes en soie. | 9 | » |

**Par cent net : 30 c. de remise.**

*Mêmes garnitures et mêmes prix que pour le Missel n° 61, p. 63.*

**PAROISSIEN ROMAIN**, **format allongé** (gros **caractères**), mesurant 15 × 8 (252 pages). Tirage rouge et noir sur papier teinté, orné d'un **cadre rouge et de quatre gravures sur acier.**

|  |  |  |
|---|---|---|
| Chagrin noir et grenat, uni, reliure souple, ouatée, coins arrondis, tranche dorée | 3 | » |
| Maroquin poli, ouaté, couleurs variées, reliure souple, coins arrondis, tranche rouge sous or. | 4 | » |
| [N° 115] Maroquin poli, sans charnières, grenat, vert, hussard, olive, cuivre, tranche dorée. | 4 | » |
| Maroquin du Levant, poli, gardes chromo, tr. marbrée dorée. | 5 | 50 |
| La même reliure, avec gardes en soie. | 7 | » |

**Par cent net : 25 c. de remise.**

**PAROISSIEN ROMAIN**, **format allongé.** Nouvelle édition sur papier teinté, mesurant 15×8, **ornée de gravures sur bois et d'un cadre rouge.** Contenant l'Office des principales fêtes, la Messe et les Vêpres du Dimanche, les Épîtres et Évangiles de tous les Dimanches de l'année.

|  |  |  |
|---|---|---|
| Chagrin noir et grenat, uni, reliure souple, ouatée, coins arrondis, tranche dorée | 3 | » |
| Maroquin du Levant, poli, reliure souple, ouaté, coins arrondis, tranche rouge sous or | 4 | » |
| [N° 18] Maroquin poli, sans charnières, uni, gardes chromo. | 4 | » |
| Maroquin du Levant, poli, tranche marbrée dorée | 5 | 50 |
| La même reliure, avec gardes en soie. | 7 | » |

**Par cent net : 25 c. de remise.**

**PAROISSIEN ROMAIN in-32 raisin** (**GROS CARACTÈRES**) (607 pages), mesurant 12×9, contenant l'Office des Dimanches et des principales Fêtes de l'année, en latin et en français, et le Chemin de la Croix.

|  |  |  |
|---|---|---|
| Reliure anglaise, basane gaufrée à froid, 1 gravure | » | 80 |

[N° 63]                     DORURE SUR TRANCHE

|  |  |  |
|---|---|---|
| Reliure anglaise, basane, ornements à froid, 1 gravure. | 1 | » |
| Mouton noir chagriné, ornements à froid, 1 gravure | 1 | 15 |
| Chagrin gaufré à froid, 1 gravure | 1 | 80 |
| Chagrin 1er choix, noir, titre colorié, 4 gravures. | 2 | 90 |
| Chagrin 1er choix La Vallière, titre colorié, 4 gravures | 3 | 05 |

**Par cent net : 15 c. de remise.**

**PAROISSIEN ROMAIN, in-32 raisin** (672 pages), mesurant 12×9, contenant les Offices de tous les Dimanches et des principales Fêtes de l'année, en latin et en français, et le Chemin de la Croix; orné d'une gravure d'après L. Hallez **et d'un encadrement rouge.**

DORURE SUR TRANCHE

| | | |
|---|---|---|
| Basane chagrinée, grenat, ornements en relief, tr. dorée. . . | 1 | 20 |
| La même reliure avec jonc 3 côtés . . . . . . . . . . . . | 1 | 35 |
| La même reliure avec deux fermoirs nickelés. . . . . . . . . | 1 | 40 |
| Basane chagrinée, grenat, ornements en relief, tr. ciselée . . | 1 | 35 |
| Basane grenat, ornements en relief, écusson doré . . . . . . | 1 | 30 |
| Mouton noir, chagriné, croix à froid. . . . . . . . . . . . | 1 | 20 |
| Mouton grenat, chagriné, croix à froid. . . . . . . . . . . | 1 | 30 |
| Mouton grenat, écusson à froid, cadre jonc, 3 côtés, étui. . . | 1 | 65 |
| Mouton anglais, grenat, orn. en relief, tr. dorée, jonc 3 côtés, étui-fourreau. . . . . . . . . . . . . . . . . . . . . . | 1 | 65 |
| La même reliure, avec deux fermoirs nickelés . . . . . . . . | 1 | 70 |
| Mouton grenat, chagriné, ornements dorés en coin, 2 fermoirs dorés, étui. . . . . . . . . . . . . . . . . . . . . . . | 2 | 05 |
| Mouton grenat, grain anglais, croix dorée en relief, 2 fermoirs dorés, étui . . . . . . . . . . . . . . . . . . . . . . | 2 | 25 |
| Mouton grenat, grain anglais, dentelle dor. en coin, 2 ferm. dor. | 2 | 40 |
| Mouton grenat, grain anglais, éq. dorée en relief, 2 ferm. dorés. | 2 | 40 |
| [N° 23] Mouton grenat, grain anglais, dentelle tournante, 2 ferm. dorés. | 2 | 55 |
| Mouton La Vallière, ornem. en relief, tr. ciselée, 2 ferm. dorés. | 2 | 50 |
| Mouton grain long, poli, grenat ou vert, étui. . . . . . . . . | 2 | 40 |
| La même reliure, avec filets dorés et 2 fermoirs dorés . . . . | 3 | 10 |
| La même reliure, avec écusson, 2 fermoirs nickelés . . . . . | 2 | 75 |
| La même reliure, avec 2 fermoirs à pattes nickelés . . . . . | 3 | 10 |
| Chagrin gaufré à froid. . . . . . . . . . . . . . . . . . . | 1 | 90 |
| Chagrin grenat ou La Vallière, sans charnières, tranche dorée. | 2 | 50 |
| Chagrin 1er choix, noir, titre colorié . . . . . . . . . . . | 3 | » |
| Chagrin 1er choix, La Vallière ou grenat, titre colorié. . . . | 3 | 15 |
| Chagrin poli, uni, vert, grenat ou hussard, titre colorié, gardes chromo. . . . . . . . . . . . . . . . . . . . . . . . . | 3 | 15 |

**Par cent net: 15 c. de remise.**

| | | | |
|---|---|---|---|
| Garnitures de 2 fermoirs pattes vieil argent. . . . . . | 1 fr. et 1 | | 60 |
| Garniture de 2 fermoirs pattes nickelé poli. . . . . . . . . | | » | 70 |
| Équerre vieil argent. . . . . . . . . . . . . . . . . . . | | » | 90 |

**PAROISSIEN ROMAIN** in-32 raisin (635 pages), mesurant 12×9, contenant les Offices de tous les Dimanches et des principales Fêtes de l'année, en latin et en français, et le Chemin de la Croix.

| | | |
|---|---|---|
| Reliure anglaise, basane gaufrée à froid, 1 gravure. . . . . . | » | 90 |
| [N° 60]       DORURE SUR TRANCHE | | |
| Reliure anglaise, basane, ornements à froid, 1 gravure. . . . | 1 | 10 |
| Reliure anglaise, basane, orn. à froid, cadre jonc à 3 côtés, 1 gr. | 1 | 25 |

**Par cent net : 15 c. de remise.**

**PETIT MISSEL ROMAIN, format allongé,** mesurant 12×7, imprimé en rouge et noir sur papier teinté, contenant l'Ordinaire de la Messe, la Messe de mariage et la Messe d'enterrement, les Vêpres et Complies.

### Encadrement noir et rouge.

| | | |
|---|---|---|
| Mouton, imitation de veau, couleurs variées, orn. à froid. . . | 1 | » |
| [N° 17] La même reliure, avec ornements dorés. . . . . . . . . | 1 | 35 |
| Imitation de maroquin poli, ouaté, coins arrondis, tr. dorée. . | 1 | 40 |
| Maroquin ouaté, 3 couleurs, coins arrondis, tr. rouge sous or . | 2 | 50 |

**Par cent net : 15 c. de remise.**

**PETIT MISSEL DE L'ENFANT JÉSUS**, petit in-32 (288 pages), mesurant 9×6, contenant les prières du matin et du soir, la Messe et les Vêpres du Dimanche et diverses autres prières.

[Nᵒ **13**] **Douze gravures en couleurs représentant des scènes de la vie de Jésus enfant, encadrement rouge.**

**TABLEAUX ET PRIÈRES DE LA SAINTE MESSE**, petit in-32 (256 pages), mesurant 9×6. Jolie édition, contenant les prières du matin et du soir, la manière de répondre à la Messe, les prières durant la Messe, les Vêpres et Complies du Dimanche.

**Orné de 22 planches en couleurs et d'un encadrement rouge.**

PRIX DE CHACUN DES DEUX VOLUMES CI-DESSUS :

| | | |
|---|---|---|
| Papier, imitation de chagrin, grenat et hussard, plaque dorée, tranche dorée. | » | 65 |
| Imitation de veau glacé, fleurs or en encoignure, tranche dorée. | » | 65 |
| Mouton chagriné, grenat, rouge, bleu, encadrement et croix à froid en relief, tranche dorée. | » | 70 |
| Mouton grenat, petit chagrin, uni, tranche dorée. | » | 70 |
| Mouton grenat, petit chagrin, reliure molle, ouatée, ornements dorés, tranche dorée | » | 95 |
| [Nᵒ **154**] Mouton anglais, grenat, rouge, reliure ferme, fleurs dorées sur plat, 1 fermoir doré, étui-fourreau. | 1 | 25 |
| Imitation de maroquin poli, grenat et vert, tranche dorée. | 1 | 60 |
| Chagrin poli, vert, grenat, hussard, tranche dorée. | 2 | 50 |
| La même reliure, avec dentelle or. | 3 | » |

**Par cent net : 10 c. de remise.**

**PAROISSIEN ROMAIN**, in-32 grand jésus (**GROS CARACTÈRES**) (992 pages), mesurant 13×10, contenant l'Office de tous les Dimanches et des principales Fêtes de l'année.

| | | |
|---|---|---|
| Reliure anglaise, basane gaufrée à froid, tr. marbrée, 1 grav. | 2 | » |
| Mouton noir chagriné, tranche dorée, 1 gravure. | 2 | 40 |
| Chagrin gaufré à froid, noir, tranche dorée, 3 gravures. | 3 | » |
| [Nᵒ **124**] Chagrin 1ᵉʳ choix, noir, tranche dorée, titre colorié, 4 gravures. | 4 | » |
| Chagrin 1ᵉʳ choix, La Vallière, tr. dorée, titre colorié, 4 grav. | 4 | 15 |

ÉDITION SUR PAPIER INDIEN

ORNÉE DE 4 GRAVURES

| | | |
|---|---|---|
| Chagrin 2ᵉ choix, noir, tranche dorée | 4 | » |
| Chagrin 1ᵉʳ choix, noir, tranche noire. | 5 | » |
| Chagrin 1ᵉʳ choix, noir, tranche dorée. | 5 | » |
| Chagrin 1ᵉʳ choix, La Vallière ou grenat, tranche dorée. | 5 | 15 |
| Maroquin poli, avec charnières, couleurs variées, tr. dorée. | 6 | » |
| Maroquin du Levant, poli, uni, gardes chromo, tranche marbrée dorée, écrin | 8 | » |

**Par cent net : 20 c. de remise.**

**PAROISSIEN ROMAIN**, in-32 petit carré (**GROS CARACTÈRES**; LIVRE DE POCHE (320 pages), mesurant 10×7; orné d'une gravure sur acier d'après L. HALLEZ.

| | | |
|---|---|---|
| Mouton grenat, reliure molle, tranche dorée | » | 90 |
| Chagrin sans charnières, noir, tranche dorée ou tranche noire. | 1 | 50 |
| Chagrin sans charnières, La Vallière, tranche dorée. | 1 | 60 |
| [Nᵒ **106**] Chagrin 1ᵉʳ choix, noir, tranche dorée | 2 | 25 |
| Chagrin 1ᵉʳ choix, La Vallière, tranche dorée. | 2 | 35 |
| Chagrin poli, vert ou grenat, tranche dorée | 2 | 50 |
| La même reliure, avec gardes en soie. | 3 | 50 |

**Par cent net : 15 c. de remise.**

**PAROISSIEN ROMAIN (TRÈS COMPLET), in-18** (1043 pages), mesurant 15×10,
contenant les Offices de tous les Dimanches et de toutes les Fêtes de l'année
qui peuvent se célébrer le Dimanche, les *Épitres et Évangiles en français et en
latin*, plusieurs Offices concédés par les Souverains Pontifes, et le Chemin de la
Croix.

          Reliure anglaise, basane gaufrée à froid, 1 gravure. . . . . .     1  85
          Basane propre bordée, 1 gravure . . . . . . . . . . . . .           2  10
          Basane gaufrée, 1 gravure . . . . . . . . . . . . . . .             2  10

[N° 7]                    DORURE SUR TRANCHE

          Reliure anglaise, basane, ornements à froid, 2 gravures . . .       2  50
          Basane façonnée, ornements dorés, 2 gravures. . . . . . .           2  85
          Chagrin gaufré à froid, 3 gravures. . . . . . . . . . . . .         3  25
          Chagrin gaufré à froid, 3 gravures, tranche rouge unie. . .         3  25
          Chagrin 1er choix, noir, 4 gravures titre colorié. . . . . . .      4  85
          Chagrin 1er choix La Vallière, 4 gravures, titre colorié. . . .     5  »

                **Par cent net : 20 c. de remise.**

**PAROISSIEN ROMAIN (COMPLET), in-18** (744 pages), mesurant 15×10,
contenant les Offices de tous les Dimanches et de toutes les Fêtes de l'année
qui peuvent se célébrer le Dimanche, les *Épitres et Évangiles en français seulement*, plusieurs Offices concédés par les Souverains Pontifes, et le Chemin de
la Croix.

          Reliure anglaise, basane gaufrée à froid, 1 gravure. . . . . .     1  40

[N° 30]                   DORURE SUR TRANCHE

          Reliure anglaise, basane, ornements à froid, 2 gravures. . . .      1  95
          Chagrin gaufré à froid, 3 gravures . . . . . . . . . . . . .        2  60
          Chagrin 1er choix, noir, 4 gravures, titre colorié . . . . . . .    3  85
          Chagrin 1er choix La Vallière, 4 gravures, titre colorié . . . .    4  »

                **Par cent net : 15 c. de remise.**

**PAROISSIEN ROMAIN, in-18 (GROS CARACTÈRES)** (984 pages), mesu
rant 15×10, contenant les Offices de tous les Dimanches et des principales
Fêtes de l'année, et le Chemin de la Croix.

          Reliure anglaise, basane gaufrée à froid, 1 gravure. . . . . .     2  »
          Basane propre bordée, 1 gravure . . . . . . . . . . . . .           2  25

[N° 31]                   DORURE SUR TRANCHE

          Reliure anglaise, basane, ornements à froid, 2 gravures . . .       2  65
          Chagrin gaufré à froid, 3 gravures. . . . . . . . . . . . .         3  40
          Chagrin 1er choix, noir, 4 gravures, titre colorié . . . . . .      4  75
          Chagrin 1er choix La Vallière, 4 gravures, titre colorié . . . .    4  90

                **Par cent net : 20 c. de remise.**

**PAROISSIEN ROMAIN TRÈS COMPLET (GROS CARACTÈRES), 2 volumes
in-18**, mesurant 15×10, contenant en français et en latin les Offices de tous
les Dimanches et de toutes les Fêtes de l'année qui peuvent se célébrer le Dimanche, et plusieurs Offices concédés par les Souverains Pontifes.

          Reliure anglaise, basane gaufrée à froid, 1 gravure. . . . . .     4  40
          Basane propre bordée, 1 gravure . . . . . . . . . . . . .           4  90

[N° 21]                   DORURE SUR TRANCHE

          Reliure anglaise, basane, ornements à froid, 2 gravures. . .       5  70
          Chagrin gaufré à froid, 3 gravures. . . . . . . . . . . .          7  20
          Chagrin gaufré à froid, 3 gravures, tranche rouge . . . .  . .     7  20
          Chagrin 1er choix, noir, 4 gravures, titre colorié . . . . .       9  90
          Chagrin 1er choix, La Vallière, 4 gravures, titre colorié. . . .  10  20

                **Par cent net : 40 c. de remise.**

**PAROISSIEN ROMAIN in-32 raisin** (812 pages), mesurant 12×9, contenant les Offices de tous les Dimanches et des principales Fêtes de l'année, en latin et en français, et le Chemin de la Croix.

    Reliure anglaise, basane gaufrée à froid, 1 gravure . . . . . 1 25
    Basane propre bordée, 1 gravure. . . . . . . . . . . . . . 1 40

[N° 33]       DORURE SUR TRANCHE

    Reliure anglaise, basane, ornements à froid, 2 gravures . . . 1 75
    Mouton noir chagriné, ornements à froid, 2 gravures. . . . . 1 90
    Chagrin gaufré à froid, 3 gravures. . . . . . . . . . . . . 2 30
    Chagrin 1er choix, noir, titre colorié, 4 gravures . . . . . . 3 25
    Chagrin 1er choix La Vallière, titre colorié, 4 gravures . . . . 3 40
         **Par cent net : 15 c. de remise.**

**PAROISSIEN ROMAIN**, in-32 raisin (448 pages), mesurant 12×9, contenant les Offices de tous les Dimanches et des principales Fêtes de l'année, en latin et en français, et le Chemin de la Croix, orné d'une gravure sur acier.

    Imitation basane noire, tranche rouge . . . . . . . . . . . » 55
    Toile noire, tranche rouge. . . . . . . . . . . . . . . . . » 60
    Imitation de petit chagrin, grenat et hussard, plaque dorée,
       tranche rouge. . . . . . . . . . . . . . . . . . . . . » 60
    Reliure anglaise, basane gaufrée à froid. . . . . . . . . . » 65

[N° 64]       DORURE SUR TRANCHE

    Imitation de petit chagrin, grenat et hussard, plaque dorée. . » 70
    Toile noire, ornements en relief . . . . . . . . . . . . . . » 75
    Reliure anglaise, basane, ornements à froid . . . . . . . . » 80
    Basane grenat avec ornements en relief . . . . . . . . . . » 85
    Basane grenat avec ornements en relief, tranche ciselée. . . 1 »
    Reliure anglaise, cadre jonc 3 côtés. . . . . . . . . . . . » 95
    Mouton noir chagriné . . . . . . . . . . . . . . . . . . . 1 »
    Mouton grenat chagriné. . . . . . . . . . . . . . . . . . 1 15
    Chagrin gaufré à froid. . . . . . . . . . . . . . . . . . . 1 60
    Mouton grenat, grains anglais, coins or, 2 fermoirs . . . . . 1 70
    La même reliure avec dentelle tournante ou semis d'hermines,
       2 fermoirs . . . . . . . . . . . . . . . . . . . . . . . 1 90
    Mouton La Vallière, ornements en reliefs, tranche ciselée, cadre
       jonc à 3 côtés, étui . . . . . . . . . . . . . . . . . . 2 10
    La même reliure avec deux fermoirs dorés, étui . . . . . . . 2 15
         **Par cent net : 15 c. de remise.**

**PETIT PAROISSIEN ROMAIN**, in-32 petit carré (192 pages), mesurant 10×7.
         **Huit gravures.**

    Imitation de toile, tranche jaspée. . . . . . . . . . . . . . » 21
    Imitation basane noire ou grenat, tranche rouge . . . . . . » 21
    Percaline noire et grenat, reliefs, tranche rouge. . . . . . . » 25
[N° 103] Reliure anglaise, basane noire, tranche marbrée . . . . . . » 25
    Imitation de petit chagrin, grenat ou hussard, plaque dorée,
       tranche rouge. . . . . . . . . . . . . . . . . . . . . » 26
    La même reliure, tranche dorée. . . . . . . . . . . . . . » 32
    Imitation de veau grenat, ornements riches, tranche dorée. . » 32
    Basane grenat et noire, reliefs, tranche dorée . . . . . . . » 40
         **Par cent net : 6 c. de remise.**

**PAROISSIEN ROMAIN (TEXTE LATIN)**, in-32 raisin (750 pages), mesurant 12×9, contenant les Offices des Dimanches et de toutes les Fêtes de l'année qui peuvent se célébrer le Dimanche, et plusieurs Offices concédés par les Souverains Pontifes.

    Reliure anglaise, basane gaufrée à froid, 1 gravure. . . . . . 1 30
    Basane propre bordée, 1 gravure. . . . . . . . . . . . . . 1 45

[N° 8]       DORURE SUR TRANCHE

    Reliure anglaise, ornements à froid, 2 gravures . . . . . . . 1 70
    Chagrin gaufré à froid, 3 gravures. . . . . . . . . . . . . 2 25
    Chagrin 1er choix, noir, titre colorié, 4 gravures . . . . . . . 3 20
    Chagrin 1er choix La Vallière, titre colorié, 4 gravures . . . 3 35
         **Par cent net : 15 c. de remise.**

**PAROISSIEN ROMAIN, in-32** raisin (784 pages), mesurant 12×9, contenant les Offices de tous les Dimanches et des principales Fêtes de l'année, en latin et en français, et le Chemin de la Croix; *les Epîtres et Evangiles sont en latin et en français.* Orné d'une gravure.

| | | |
|---|---|---|
| Imitation de basane, tranche rouge. | » | 75 |
| Basane ornements en relief, écusson à froid, tranche jaspée. | » | 80 |
| Reliure simple racinée, tranche jaspée. | » | 85 |

DORURE SUR TRANCHE

| | | |
|---|---|---|
| Toile noire ou La Vallière, ornements en relief | » | 85 |
| Imitation basane chagrinée, ornements en relief, jonc 3 côtés. | 1 | 05 |
| La même reliure avec 2 fermoirs nickelés. | 1 | 10 |
| Basane noire, avec reliefs. | 1 | » |
| La même reliure, avec jonc h 3 côtés | 1 | 15 |
| La même reliure, avec 2 fermoirs dorés | 1 | 20 |
| La même reliure, avec jonc 4 côtés. | 1 | 25 |
| Basane grenat, ornements en relief. | 1 | 10 |
| La même reliure, avec jonc à 3 côtés | 1 | 25 |
| La même reliure, avec 2 fermoirs dorés. | 1 | 30 |
| La même reliure, avec jonc 4 côtés | 1 | 35 |
| Basane grenat, ornements en relief, tranche ciselée | 1 | 25 |
| Basane noire avec reliefs, tranche ciselée or et couleurs, jonc à 3 côtés | 1 | 40 |
| La même reliure, avec 2 fermoirs dorés. | 1 | 45 |
| La même reliure, avec jonc 4 côtés | 1 | 50 |
| [N° 114] Basane avec reliefs, grenat, tr. ciselée or et coul., jonc à 3 côtés. | 1 | 50 |
| La même reliure, avec 2 fermoirs dorés. | 1 | 55 |
| La même reliure, avec jonc 4 côtés. | 1 | 60 |
| Basane noire, tranche ciselée or et couleurs, écusson mosaïque, fermoirs et coins dorés | 1 | 70 |
| La même reliure, avec 2 fermoirs dorés. | 1 | 60 |
| La même reliure, avec jonc 4 côtés | 1 | 65 |
| La même reliure, avec jonc 3 côtés | 1 | 50 |
| La même reliure, en basane grenat, jonc à 3 côtés | 1 | 60 |
| La même reliure, avec 2 fermoirs dorés | 1 | 65 |
| La même reliure, avec jonc 4 côtés | 1 | 70 |
| La même reliure, avec fermoirs et coins dorés | 1 | 80 |
| Mouton chagriné grenat, ornements en relief, 2 fermoirs dorés. | 1 | 85 |
| La même reliure, avec jonc 3 côtés | 1 | 80 |
| Mouton grenat chagriné, ornements dorés en coin, 2 fermoirs. | 1 | 95 |
| Mouton anglais, grenat, dentelle tournante ou semis d'hermines, 2 fermoirs dorés. | 2 | 40 |
| Chagrin gaufré à froid | 1 | 95 |

**Par cent net : 15 c. de remise.**

**PAROISSIEN ROMAIN, in-18,** *en très gros caractères* (756 pages), mesurant 15×10, contenant les Prières durant la sainte Messe, les Vêpres du Dimanche, l'Office de la sainte Vierge, les Psaumes de la Pénitence, des Pratiques de dévotion, le Chemin de la Croix, etc.

| | | |
|---|---|---|
| Reliure anglaise, basane gaufrée à froid, 1 gravure | 1 | 25 |

| | | |
|---|---|---|
| [N° 36] DORURE SUR TRANCHE | | |
| Reliure anglaise, basane, ornements à froid, 2 gravures. | 1 | 75 |
| Chagrin gaufré à froid, 3 gravures. | 2 | 65 |
| Chagrin 1er choix, noir, 4 gravures. | 3 | 90 |
| Chagrin 1er choix La Vallière, 4 gravures | 4 | 65 |

**Par cent net: 15 c. de remise.**

**QUINZAINE DE PAQUES**, contenant les Prières du matin et du soir, la sainte Messe, les Vêpres, les Complies du Dimanche et différentes Prières, etc.

ÉDITION DE POCHE, IN-32 CARRÉ (mesurant 10 × 7).

**Ornée d'un encadrement rouge et d'une gravure sur acier.**

|  |  |  |
|---|---|---|
| Chagrin noir, gaufré à froid, tranche dorée. | 2 | 50 |
| Chagrin 1er choix, noir, tranche dorée. | 3 | » |
| [N° **108**] Chagrin 1er choix La Vallière, tranche dorée | 3 | 15 |
| Maroquin du Levant, poli, uni, tranche marbrée dorée. | 5 | » |
| La même reliure, avec gardes en soie. | 6 | » |

**Par cent net : 15 c. de remise.**

NOUVELLE ÉDITION IN-32 RAISIN (mesurant 12 × 9).
**Ornée d'un encadrement rouge.**

|  |  |  |
|---|---|---|
| Reliure anglaise, basane gaufrée à froid, 1 gravure. | 1 | 25 |
| Basane propre bordée, 1 gravure | 1 | 40 |
| Basane gaufrée, 1 gravure | 1 | 40 |

[N° **42**]  DORURE SUR TRANCHE

|  |  |  |
|---|---|---|
| Reliure anglaise, basane, ornements à froid, 2 gravures. | 1 | 65 |
| Chagrin gaufré à froid, 3 gravures. | 2 | 20 |
| Chagrin 1er choix, noir, titre colorié, 4 gravures | 3 | 15 |
| Chagrin 1er choix, La Vallière, titre colorié, 4 gravures. | 3 | 30 |

**Par cent net : 15 c. de remise.**

ÉDITION IN-18 (GROS CARACTÈRES) mesurant 15 × 10.

|  |  |  |
|---|---|---|
| Reliure anglaise, basane gaufrée à froid, 1 gravure. | 1 | 95 |

[N° **27**]  DORURE SUR TRANCHE

|  |  |  |
|---|---|---|
| Reliure anglaise, basane, ornements à froid, 2 gravures | 2 | 50 |
| Chagrin gaufré à froid, 3 gravures | 3 | 15 |
| Chagrin 1er choix, noir, 4 gravures. | 4 | 40 |
| Chagrin 1er choix La Vallière, 4 gravures | 4 | 55 |

**Par cent net : 20 c. de remise.**

**JOURNÉE DU CHRÉTIEN**, in-18 (**GROS CARACTÈRES**), mesurant 16 × 10, contenant les Hymnes et les Proses des principales fêtes de l'année, l'Office de l'Immaculée Conception (latin-français), l'indication d'un grand nombre d'Indulgences, l'Abrégé de la Doctrine chrétienne, et diverses prières.

|  |  |  |
|---|---|---|
| Reliure anglaise, basane gaufrée à froid, 1 gravure | 1 | 55 |

[N° **48**]  DORURE SUR TRANCHE

|  |  |  |
|---|---|---|
| Reliure anglaise, basane, ornements à froid, 2 gravures | 2 | 10 |
| Chagrin gaufré à froid, 3 gravures. | 2 | 75 |
| Chagrin 1er choix, noir, 4 gravures. | 4 | » |
| Chagrin 1er choix, La Vallière, 4 gravures. | 4 | 15 |

**Par cent net : 15 c. de remise.**

**JOURNÉE DU CHRÉTIEN**, in-32 jésus, mesurant 13 × 9, édition en latin et en français, contenant les Hymnes et les Proses des divers Temps et des principales Fêtes de l'année, l'Office de l'Immaculée Conception, celui de la sainte Vierge, l'Ordinaire de la Messe, les Messes des jours de Communion, etc.

|  |  |  |
|---|---|---|
| Reliure anglaise, basane gaufrée à froid, 1 gravure | 1 | 25 |

[N° **50**]  DORURE SUR TRANCHE

|  |  |  |
|---|---|---|
| Reliure anglaise, basane, ornements à froid, 2 gravures | 1 | 65 |
| Chagrin gaufré à froid, 3 gravures. | 2 | 20 |
| Chagrin 1er choix, noir, titre colorié, 4 gravures | 3 | 30 |
| Chagrin 1er choix La Vallière, titre colorié, 4 gravures. | 3 | 45 |

**Par cent net : 10 c. de remise.**

**OFFICIUM DIVINUM**, JUXTA RITUM ROMANUM, cum Missis pro singulis anni diebus et Officiis Hebdomadæ sanctæ; **un volume in-32 jésus, mesurant 14 × 10.**

| | | |
|---|---|---|
| Reliure anglaise, basane gaufrée à froid, 1 gravure. . . . . . | 2 | 85 |
| Basane propre bordée, 1 gravure . . . . . . . . . . . . . . | 3 | 10 |

[N° 107]          DORURE SUR TRANCHE

| | | |
|---|---|---|
| Reliure anglaise, basane, ornements à froid, 2 gravures . . . | 3 | 50 |
| Chagrin gaufré à froid, 3 gravures. . . . . . . . . . . . . | 4 | 25 |
| Chagrin 1er choix, noir, 4 gravures. . . . . . . . . . . . . | 5 | 85 |
| Chagrin 1er choix, La Vallière, 4 gravures. . . . . . . . . . | 6 | » |

**Par cent net : 25 c. de remise.**

# PAROISSIEN DE LUÇON

**PAROISSIEN ROMAIN**, avec les Offices propres du diocèse de Luçon intercalés dans le texte. In-18 (1150 pages), contenant les Offices de tous les Dimanches et de toutes les Fêtes de l'année qui peuvent se célébrer le Dimanche, etc. etc., les Épîtres et Évangiles et le Chemin de la Croix.

**Édition spéciale rédigée par un prêtre du diocèse sous la haute direction de Sa Grandeur Mgr Catteau, évêque de Luçon.**

| | Prix fort. | | Prix net. | |
|---|---|---|---|---|
| Basane anglaise noire, tranche marbrée, 1 gravure. | 3 | » | 2 | 40 |
| Basane racinée, tranche marbrée, 1 gravure. . . . . | 3 | » | 2 | 40 |
| Basane anglaise, tranche dorée, 2 gravures. . . . | 3 | 50 | 2 | 80 |
| Chagrin gaufré noir, tranche dorée, 3 gravures . . . | 5 | » | 4 | » |
| Chagrin gaufré La Vallière, tranche dorée, 3 grav. | 5 | 25 | 4 | 15 |
| Chagrin 1er choix, noir, tranche dorée, 4 gravures . . | 6 | 50 | 5 | » |
| Chagrin 1er choix, La Vallière, tranche dorée, 4 grav. | 6 | 75 | 5 | 15 |

# LIVRES D'OFFICES ET DE PIÉTÉ

## NOUVELLE COLLECTION

FORMAT IN-32 CARRÉ (316 PAGES) MESURANT 11 × 7

---

### TEXTE ENCADRÉ DE ROUGE, UNE GRAVURE SUR ACIER

---

[N° 99] **PAROISSIEN ROMAIN**, contenant l'Office des principales Fêtes de l'année, la Messe et les Vêpres du Dimanche.

[N° 147] **PAROISSIEN ROMAIN (GROS CARACTÈRES)**, contenant les Prières du matin et du soir, les Prières pour la Confession et la Communion, Prières durant la sainte Messe, Ordinaire de la Messe, Vêpres et Complies du Dimanche.

[N° 153] **RECUEIL DE PRIÈRES, DE MÉDITATIONS ET DE LECTURES**, tirées des œuvres des SS. Pères, des écrivains et orateurs sacrés, par M<sup>me</sup> la comtesse de Flavigny.

PRIX DE CHACUN DES OUVRAGES CI-DESSUS :

| | | |
|---|---|---|
| Imitation de toile, ornements dorés, tranche jaspée. | » | 40 |
| Imitation basane, tranche rouge. | » | 40 |
| Imitation de petit chagrin, grenat ou hussard, plaque dorée, tranche rouge. | » | 45 |
| Reliure anglaise, basane gaufrée, tranche marbrée. | » | 45 |
| Percaline noire et grenat, tranche rouge. | » | 45 |
| Imitation de petit chagrin, grenat ou hussard, ornements dorés, tranche dorée. | » | 55 |
| Imitation de veau, grenat, ornements riches, tranche dorée. | » | 55 |
| Basane grenat et noire, reliefs, tranche dorée | » | 63 |
| Basane grenat ou noire, reliefs avec croix dorée, tr. dorée. | » | 65 |
| Mouton chagriné, grenat, uni, tranche dorée. | » | 63 |
| La même reliure, avec fleurs dorées en coin et fourreau | » | 80 |
| La même reliure, avec équerre dorée et fourreau. | » | 90 |
| Toile blanche, chagrinée, jonc trois côtés, tranche dorée, étui. | » | 85 |
| Mouton grenat, petit chagrin, ouaté, ornements à froid, tr. dorée. | 1 | 05 |
| La même reliure, avec ornements à froid et dorés | 1 | 15 |
| Chagrin, couleurs variées, tranche dorée. | 1 | 05 |

#### GARNITURES EN CELLULOÏDE POUR LE PAROISSIEN N° 99

| | | |
|---|---|---|
| N° 41. — Plaques unies, cadre jonc argenté | 1 | 65 |
| N° 42. — Sujets en relief, 4 modèles, 1 fermoir celluloïde. | 1 | 65 |
| N° 43. — Sujets incrustés, modèles variés, 1 fermoir. | 2 | » |

**Par cent net : 15 c. de remise.**

# LIVRES D'OFFICES ET DE PIÉTÉ

## NOUVELLE COLLECTION

### FORMAT IN-18, MESURANT 15 × 10

---

### TEXTE ENCADRÉ DE ROUGE, TIRAGE SUR PAPIER TEINTÉ

[N° 4] **COMBAT SPIRITUEL**, par le R. P. Laurent Scupoli ; traduit en français par M. l'abbé Fitte ; augmenté de la Paix de l'Ame, de l'Oraison mentale et de l'Ame pénitente.

[N° 5] **ÉPITRES ET ÉVANGILES DES DIMANCHES, DES FÊTES ET DE TOUTES LES FÉRIES DE L'ANNÉE, avec de nouvelles réflexions**, en caractères très lisibles, par M. l'abbé Janvier ; suivi des Prières durant la sainte Messe et des Vêpres.

[N° 76] **RECUEIL DE PRIÈRES, DE MÉDITATIONS ET DE LECTURES,** tirées des œuvres des SS. Pères, des écrivains et orateurs sacrés, par Mme la comtesse de Flavigny.

[N° 141] **L'IMITATION DE JÉSUS-CHRIST (GROS CARACTÈRES)**. Avec des réflexions à la fin de chaque chapitre, par l'abbé F. de Lamennais.

[N° 162] **L'IMITATION DE JÉSUS-CHRIST (GROS CARACTÈRES)**, par le R. P. de Gonnelieu, avec une Prière et une Pratique à la fin de chaque chapitre, augmentée de la Messe et des Vêpres du Dimanche.

#### PRIX DE CHACUN DES TROIS VOLUMES CI-DESSUS :

| | | |
|---|---|---|
| Percaline noire, ornements à froid, tranche rouge . . . . . . . . | 2 | » |
| Basane noire, filets et chiffre à froid, tranche jaspée . . . . . . | 2 | » |
| Chagrin 2e choix, noir, tranche dorée ou rouge . . . . . . . . . | 3 | 75 |
| Chagrin 1er choix, noir, tranche dorée . . . . . . . . . . | 5 | » |
| Chagrin 1er choix, La Vallière, tranche dorée . . . . . . . . | 5 | 45 |
| Maroquin poli, avec charnières, tranche dorée . . . . . . . . | 6 | 50 |

**Par cent net : 25 c. de remise.**

---

# BIBLIOTHÈQUE DE PIÉTÉ

## A L'USAGE DES GENS DU MONDE

### BEAUX VOLUMES FORMAT IN-16

**BOURDALOUE. — LA MORALE CHRÉTIENNE**, avec une préface du R. P. Félix, de la Compagnie de Jésus.

**SAINT JÉROME. — AVIS ET INSTRUCTIONS**, avec une préface de S. Gr. Mgr de la Tour d'Auvergne, archevêque de Bourges.

**SAINT FRANÇOIS DE SALES. — LA VIE PARFAITE**, avec une préface de S. Gr. Mgr Mermillod, évêque d'Hébron, vicaire apostolique de Genève.

**BOSSUET. — CONSEILS DE PIÉTÉ**, avec une préface de M. Alfred Nettement.

#### PRIX DE CHACUN DES OUVRAGES CI-DESSUS :

| | Prix fort. | | Prix net. |
|---|---|---|---|
| Broché . . . . . . . . . . . . . . . . . . . . . . | 2 50 | — | 1 50 |
| Percaline noire, tranche rouge, reliure souple . . | 3 25 | — | 2 » |
| Demi-reliure, dos et coins en chagrin, couleurs diverses, tranche dorée en tête . . . . . . . . | 5 » | — | 3 » |
| Chagrin poli, couleurs variées, tranche dorée . . . | 8 » | — | 5 » |

# RECUEIL DE PRIÈRES

## DE MÉDITATIONS ET DE LECTURES

TIRÉES DES ŒUVRES DES SS. PÈRES, DES ÉCRIVAINS ET ORATEURS SACRÉS

### PAR Mme LA Csse DE FLAVIGNY

Approuvé par S. Ém. Mgr le card. Morlot, par S. Gr. Mgr l'archevêque de Tours, et par S. Gr. Mgr l'évêque d'Orléans.

————»—★—«————

**[No 25] ÉDITION IN-32 JÉSUS** (mesurant 13×9), ornée de quatre gravures spéciales par L. Hallez.

Reliure anglaise, basane gaufrée à froid. . .   1 80

**Dorure sur tranche**

| | | | | | |
|---|---|---|---|---|---|
| Reliure anglaise, basane, ornements à froid. | 2 | 20 | Chagrin 1er choix, grenat ou La Vallière. | 3 | 95 |
| Mouton noir chagriné, ornements à froid. . | 2 | 35 | Maroquin poli, avec charnières, uni, gardes | | |
| Chagrin gaufré à froid. . . . . . . . . | 2 | 80 |   chromo . . . . . . . . . . . . . | 5 | » |
| Chagrin 1er choix, noir. . . . . . . . . | 3 | 80 | | | |

**[No 55] ÉDITION IN-32 RAISIN (PETIT FORMAT)** mesurant 11×8.

Reliure anglaise, basane gaufrée à froid, 1 gravure . . .   1 30

**Dorure sur tranche**

| | | | | | |
|---|---|---|---|---|---|
| Reliure anglaise, ornements à froid, 2 grav. | 1 | 50 | Chagrin 1er choix noir, 4 gravures. . . . | 3 | 10 |
| Chagrin gaufré à froid, 3 gravures . . . | 2 | 15 | Chagrin 1er choix La Vallière, 4 gravures. | 3 | 25 |

**[No 76] ÉDITION IN-18 (EN GROS CARACTÈRES)** mesurant 15×10. — *Reliures et prix, page* 76.

**[No 104] ÉDITION IN-32 PETIT CARRÉ (LIVRE DE POCHE)** mesurant 10×7. Ornée d'un encadrement rouge et d'une gravure sur acier.

| | | | | | |
|---|---|---|---|---|---|
| Chagrin noir, gaufré à froid, tr. dorée. . | 2 | 50 | Maroquin du Levant, ouaté, charnières, | | |
| Chagrin 1er choix, noir, tranche dorée. . | 3 | » |   coins arrondis, tranche rouge sous or. | 5 | » |
| Chagrin 1er choix, La Vallière, tr. dorée. | 3 | 15 | La même reliure, avec gardes en soie. . . | 6 | » |
| Maroq. du Levant, poli, uni, tr. marbr. dor. | 5 | » | | | |

**Par cent net : 15 c. de remise sur les trois volumes ci-dessus.**

**[No 130] ÉDITION IN-32 RAISIN.** — *Reliures et prix, page* 46.

**[No 153] ÉDITION IN-32 CARRÉ.** — *Reliures et prix, page* 75.

**[No 132] ÉDITION GRAND IN-32** (mesurant 12×8). Sur papier teinté, encadrée d'un filet rouge. — *Reliures et prix, page* 79.

**[No 165] ÉDITION IN-32 CARRÉ** (mesurant 10×7). Tirage avec encadrement rouge. — *Reliures et prix, page* 80.

**[No 166] FORMAT IN-32 ALLONGÉ** (mesurant 12×7). Tirage sur papier teinté avec encadrement noir et rouge. — *Reliures et prix, page* 81.

**[No 82] ÉDITION ILLUSTRÉE IN-32 JÉSUS** (mesurant 14×10). Ornée d'un encadrement rouge et de quatre gravures.

| | | | | | |
|---|---|---|---|---|---|
| Chagrin 1er choix, noir, tranche dorée. . | 5 | 40 | Maroq. du Lev., poli, uni, gard. en pap., écr. | 8 | 50 |
| Chagrin 1er choix, La Vallière, tranche | | | Maroquin du Levant, poli, tr. marbrée | | |
|   dorée. . . . . . . . . . . . . . | 5 | 55 |   dorée, gardes en soie, écrin. . . . . | 10 | » |

*Mêmes garnitures que le Missel no 61, p. 63.*

**Par cent net : 40 c. de remise.**

# OUVRAGES DIVERS DE M<sup>ME</sup> LA C<sup>SSE</sup> DE FLAVIGNY

**LA PREMIÈRE COMMUNION**, RÈGLEMENT DE VIE POUR LA PERSÉVÉRANCE, in-32 jésus, mesurant $13 \times 10$. Édition ornée d'un encadrement imprimé en rouge, et de 4 gravures.

|  |  |  |
|---|---|---|
| Chagrin 1<sup>er</sup> choix, noir, tranche dorée | 5 | 40 |
| Chagrin 1<sup>er</sup> choix La Vallière, tranche dorée | 5 | 55 |
| [N° 111] Maroquin du Levant, poli, uni, gardes en papier, écrin | 8 | 50 |
| Maroquin du Levant, poli, tranche marbrée dorée, gardes en soie, écrin | 10 | » |

**Par cent net : 40 c. de remise.**

**LES DERNIÈRES PRIÈRES**, in-32 grand raisin, mesurant $12 \times 8$, *approuvé par S. G. Mgr l'archevêque de Paris, S. G. Mgr l'archevêque de Tours et S. G. Mgr l'évêque d'Orléans.* — Belle édition ornée d'une gravure sur acier.

|  |  |  |
|---|---|---|
| Broché | 1 | » |
| [N° 84] Chagrin gaufré à froid, tranche dorée | 2 | 15 |
| Chagrin 1<sup>er</sup> choix, noir, tranche dorée | 3 | 05 |
| Chagrin 1<sup>er</sup> choix, noir, tranche deuil | 3 | 05 |

**Par cent net : 15 c. de remise.**

# LIVRES D'OFFICES ET DE PIÉTÉ

FORMAT IN-64 — MESURANT $8 \times 5$

### JOLIES ÉDITIONS SUR PAPIER TEINTÉ
ORNÉES D'UNE GRAVURE SUR ACIER ET D'UN ENCADREMENT ROUGE

[N° 118] **PETIT PAROISSIEN PERLE** (192 pages), contenant la prière du matin et du soir, la Messe et les Vêpres du Dimanche, l'Office des principales Fêtes de l'année, la Messe de mariage et la Messe d'enterrement.

[N° 129] **IMITATION DE JÉSUS-CHRIST**, par le R. P. de Gonnelieu.

[N° 93] **JOURNÉE DU CHRÉTIEN**, suivie de l'Ordinaire de la Messe, de la Messe du jour de communion, etc.

PRIX DE CHACUN DES VOLUMES CI-DESSUS

|  |  |  |
|---|---|---|
| Mouton, reliure molle, tranche dorée, étui | » | 60 |
| Mouton grenat, petit chagrin, uni, coins arrondis, tr. dorée | 1 | » |
| Imitation de maroquin ouaté, tranche dorée, étui | 1 | 25 |
| Chagrin poli, couleurs variées, tr. dorée, gardes chromo, étui | 1 | 50 |
| Chagrin poli, coul. var., dentelle dorée, gardes chromo, étui | 2 | » |

# LIVRES D'OFFICES ET DE PIÉTÉ

FORMAT IN-32 (ÉDITIONS PORTATIVES) — MESURANT 12×8

## PAPIER TEINTÉ, ENCADREMENT ROUGE

FRISES ET SUJETS HORS TEXTE DANS LE STYLE DU XVᵉ SIÈCLE, PAR A. QUEYROY

[N° 122] **VISITES AU SAINT SACREMENT ET A LA SAINTE VIERGE**, par saint Liguori; suivies des prières pendant la Messe, des Vêpres du Dimanche, etc.

[N° 123] **JOURNÉE DU CHRÉTIEN**, suivie de l'Ordinaire de la Messe, de la Messe des jours de communion, etc.

[N° 124] **L'IMITATION DE JÉSUS-CHRIST**, avec des réflexions par l'abbé F. de Lamennais, suivie de la Messe et des Vêpres du Dimanche.

[N° 125] **LE LIVRE DE PERSÉVÉRANCE**, Conseils après la première communion, par G.-A Heinrich, doyen de la Faculté des lettres de Lyon, avec une introduction de Mgr Perraud, évêque d'Autun.

[N° 127] **AVANT ET APRÈS LA COMMUNION**, Nouvelles méditations pour la préparation et l'action de grâces chaque jour du mois, par Mgr Ricard, prélat de la Maison de Sa Sainteté.

[N° 128] **PAROISSIEN ROMAIN**, contenant les épîtres et évangiles de tous les Dimanches de l'année, approuvé par Mgr l'archevêque de Tours.

[N° 131] **IMITATION DE LA TRÈS SAINTE VIERGE**, édition augmentée de la Messe et des Vêpres du Dimanche.

[N° 132] **RECUEIL DE PRIÈRES, DE MÉDITATIONS ET DE LECTURES**, contenant la Messe et les Vêpres du Dimanche, les prières des Saluts, etc., par Mme la Csse de Flavigny.

[N° 133] **IMITATION DE DIEU**, Traduction complète de l'Opuscule LXII des *Mœurs divines* de saint Thomas d'Aquin, par Mme Desmousseaux de Givré; avec approbation de Mgr l'évêque de Saint-Dié, et une biographie de saint Thomas.

[N° 134] **UNE ANNÉE DE MÉDITATIONS**, par Mme Augustus Craven.

[N° 135] **MOIS DE MARIE**, par M. l'abbé Michaud. Approuvé par NN. SS. l'archevêque de Tours et l'évêque de Luçon.

[N° 136] **INTRODUCTION A LA VIE DÉVOTE**, par saint François de Sales. Édition revue et corrigée, ornée de gravures spéciales, augmentée de la Messe et des Vêpres du Dimanche.

[N° 138] **PREMIÈRE COMMUNION** (LA), RÈGLEMENT DE VIE POUR LA PERSÉVÉRANCE, par Mme la comtesse de Flavigny.

[N° 144] **LES SAINTS ÉVANGILES**, Traduction de MM. Bourassé et Janvier, suivi de l'Ordinaire de la Messe.

[N° 156] **MANUEL DE PIÉTÉ**, Extrait des œuvres de Bossuet, par Mgr Dupanloup.

[N° 163] **CHOIX DE PRIÈRES**, d'après les manuscrits du IXᵉ au XVIIᵉ siècle, par Léon Gautier.

[N° 164] **PRIÈRES A LA VIERGE**, d'après les manuscrits du moyen âge, la liturgie, les Pères, etc., par Léon Gautier.

PRIX DE CHACUN DES VOLUMES CI-DESSUS

| | | |
|---|---:|---:|
| Broché . . . . . . . . . . . . . . . . . . . . | 1 | 25 |
| Imitation de maroquin, poli, grenat ou vert, reliure molle, filets et monogrammes à froid, tranche dorée . . . . . . . . . . | 1 | 85 |
| Imitation de maroquin poli, ouaté, coins arrondis, tr. dorée . . | 2 | 25 |
| La même reliure, avec dentelle dorée tournante . . . . . . . | 2 | 65 |
| Maroquin poli, sans charnières, tranche dorée . . . . . . . . | 3 | 65 |
| Maroquin du Levant, poli, uni, tranche marbrée dorée, écrin . | 5 | » |
| La même reliure, avec gardes en soie . . . . . . . . . . . . | 6 | 25 |

Par cent net : 15 c. de remise.

# LIVRES D'OFFICES ET DE PIÉTÉ

FORMAT IN-32 PETIT CARRÉ (LIVRE DE POCHE) — MESURANT 10 × 7

### ÉDITIONS DE LUXE

Ornées d'une gravure sur acier, de vignettes sur bois dans le texte et d'un encadrement rouge.

[Nº 40] **PETIT PAROISSIEN ROMAIN**, très belle édition de 252 pages, contenant l'Office des principales Fêtes de l'année, les Prières du matin et du soir, les Vêpres et Complies du Dimanche, etc.

[Nº 73] **L'IMITATION DE JÉSUS-CHRIST**, très belle édition, avec des réflexions à la fin de chaque chapitre, par l'abbé F. de Lamennais, suivie de la Messe et des Vêpres du Dimanche.

[Nº 77] **IMITATION DE LA TRÈS SAINTE VIERGE**, sur le modèle de l'*Imitation de Jésus-Christ*, par l'abbé ***; suivie de la Messe et des Vêpres du Dimanche.

[Nº 81] **JOURNÉE DU CHRÉTIEN**, contenant en latin et en français les Hymnes et les Proses des divers Temps et des principales Fêtes de l'année, l'Ordinaire de la Messe, les Messes des jours de communion, le Chemin de la Croix, etc.

[Nº 97] **INTRODUCTION A LA VIE DÉVOTE**, par saint François de Sales, évêque et prince de Genève, fondateur de l'ordre de la Visitation de Sainte-Marie; édition revue, corrigée et augmentée de la Messe et des Vêpres du Dimanche.

[Nº 98] **VISITES AU SAINT SACREMENT ET A LA SAINTE VIERGE**, par saint Liguori, suivies de Pratiques, d'Aspirations affectueuses, de Méditations et de Prières, de la Messe et des Vêpres du Dimanche et de celles de la sainte Vierge.

[Nº 109] **MOIS DE LA SAINTE FAMILLE**, ouvrage approuvé par Mgr l'évêque de Belley.

[Nº 116] **OFFICE DE LA SAINTE VIERGE**, en latin et en français, précédé de l'Ordinaire de la Messe et suivi de l'Office de l'Immaculée Conception.

[Nº 117] **COMBAT SPIRITUEL ET PAIX DE L'AME**, suivis du Livre des malades, par le R. P. Laurent Scupoli; traduction littérale d'après le texte italien, par M. l'abbé Fitte, chanoine honoraire, aumônier de Notre-Dame-de-Lorette.

[Nº 139] **LA SAINTE COMMUNION, C'EST MA VIE!**... par Hubert Lebon.

[Nº 165] **RECUEIL DE PRIÈRES, DE MÉDITATIONS ET DE LECTURES**, contenant la Messe et les Vêpres du dimanche, les prières des Saluts, etc., par Mme la Csse de Flavigny.

[Nº 168] **DÉVOTION AUX SACRÉS CŒURS DE JÉSUS ET DE MARIE**, par St François de Sales. Méditations recueillies et mises en ordre par le R. P. Fages.

PRIX DE CHACUN DES VOLUMES CI-DESSUS

| | | |
|---|---|---|
| Mouton anglais. grenat, reliure molle, filets ou dentelle à froid, charnières, tranche dorée . . . . . . . . . . . . . . . . . . . | » | 90 |
| Chagrin noir, sans charnières, tranche dorée. . . . . . . . . | 1 | 50 |
| Chagrin grenat, rouge ou bleu, sans charnières, tranche dorée. | 1 | 60 |
| Chagrin 1er choix, noir, tranche dorée. . . . . . . . . . . . | 2 | 25 |
| Chagrin 1er choix. La Vallière, rouge ou bleu, tranche dorée . | 2 | 35 |
| Imitation de maroquin poli. ouaté, coins arrondis, tr. dorée. . | 1 | 65 |
| La même reliure, avec dentelle dorée tournante . . . . . . . | 2 | 05 |
| Chagrin poli. vert, grenat ou hussard, tr. dorée, gardes chromo. . . . . . . . . . . . . . . . . . . . . . . . . . . . | 2 | 50 |
| Chagrin poli, vert, grenat ou hussard, gardes en soie . . . . | 3 | 50 |
| Écusson, argent niellé. . . . . . . . . . . . . . . . . . . . | 1 | 25 |

**Par cent net : 15 c. de remise.**

# LIVRES D'OFFICES ET DE PIÉTÉ
### FORMAT IN-32 ALLONGÉ — MESURANT 12 × 7
#### PAPIER TEINTÉ, ENCADREMENT NOIR ET ROUGE

[N° **19**] PAROISSIEN ROMAIN, contenant les Épitres et Évangiles de tous les Dimanches de l'année et l'Office des principales Fêtes.

[N° **38**] L'IMITATION DE JÉSUS-CHRIST, traduction de l'abbé de Lamennais, suivie de la Messe et des Vêpres du Dimanche.

[N° **41**] JOURNÉE DU CHRÉTIEN, suivie de l'Ordinaire de la Messe, de la Messe des jours de communion, etc. etc.

[N° **142**] MÉDITATIONS SUR L'EUCHARISTIE, par Bossuet.

[N° **152**] VISITES AU S. SACREMENT ET A LA Ste VIERGE, par S. Alphonse de Liguori, suivies des prières pendant la Messe, des Vêpres du Dimanche, etc.

[N° **155**] AVANT LA PREMIÈRE COMMUNION, par Mme Dulac.

[N° **158**] UNE PENSÉE PAR JOUR, par le R. P. Martin de Boylesve. S. J.

[N° **160**] NOUVEAU PETIT FORMULAIRE DE PRIÈRES, suivi du Chemin de la Croix et de quelques élévations sur l'Eucharistie, par M. l'abbé Remes.

[N° **166**] RECUEIL DE PRIÈRES, DE MÉDITATIONS ET DE LECTURES, contenant la Messe et les Vepres du Dimanche, les prières des saluts, etc., par Mme la Csse de Flavigny.

[N° **167**] IMITATION DE LA TRÈS SAINTE VIERGE, édition augmentée de la Messe et des Vêpres du Dimanche.

PRIX DE CHACUN DES VOLUMES CI-DESSUS

| | | |
|---|---|---|
| Mouton imitation de veau, grenat, vert, hussard, monogrammes à froid, gardes chromo, tranche dorée | 1 | 75 |
| La même reliure, avec ornements dorés | 2 | 10 |
| Imitation de maroquin poli, ouaté, coins arrondis, tr. dorée | 2 | 25 |
| La même reliure, avec dentelle dorée tournante | 2 | 65 |
| Chagrin poli, grenat, vert, olive, cuivre, hussard, tr. dorée | 3 | 25 |
| Maroquin ouaté, 3 coul., coins arrondis, tr. rouge sous or | 3 | 50 |
| Maroquin du Levant, poli, tranche marbrée dorée | 4 | 50 |
| La même reliure, avec gardes en soie | 5 | 75 |

**Par cent net : 25 de remise.**

# LIVRES D'OFFICES ET DE PIÉTÉ
### FORMAT IN-32 CARRÉ — MESURANT 11 × 8
#### PAPIER TEINTÉ, ENCADREMENT NOIR ET ROUGE

[N° **140**] L'IMITATION DE JÉSUS-CHRIST, traduction par l'abbé F. de Lamennais, suivie de la Messe et des Vepres du Dimanche.

[N° **145**] SUJETS DE MÉDITATIONS POUR LES JEUNES FILLES, par M. l'abbé Michaud.

[N° **150**] PAROISSIEN ROMAIN, contenant les Épîtres et Évangiles de tous les Dimanches et l'Office des principales Fêtes.

[N° **151**] JOURNÉE DU CHRÉTIEN, suivie de l'Ordinaire de la Messe, de la Messe des jours de communion, etc.

PRIX DE CHACUN DES VOLUMES CI-DESSUS

| | | |
|---|---|---|
| Mouton anglais, grenat, reliure molle, charnières, tr. dorée | 1 | 65 |
| Imitation de maroquin poli, grenat ou vert, reliure molle, filets et monogrammes à froid, tranche dorée | 2 | » |
| Imitation maroquin ouaté, coins arrondis, tranche dorée | 2 | 25 |
| La même reliure, avec dentelle dorée tournante | 2 | 65 |
| Chagrin poli, grenat, vert, hussard, tranche dorée | 3 | 25 |
| Maroquin poli, ouaté, reliure molle, couleurs variées, coins arrondis, tranche rouge sous or | 3 | 50 |
| Maroquin du Levant, poli, couleurs variées, tranche marbrée dorée, gardes chromo | 4 | 50 |
| La même reliure, avec gardes en soie | 5 | 75 |

**Par cent net : 25 c. de remise.**

# LIVRES DE PIÉTÉ

## NOUVELLES PUBLICATIONS

**LE LIVRE DU CHRÉTIEN**, Offices de l'église, sacrements et prières, par les RR. PP. de la Compagnie de Jésus. Un volume in-16 de 950 pages, orné d'une photogravure et de 25 frises d'après les peintures des Catacombes; tirage sur papier indien.

    En feuilles . . . . . . . . . . . . . . . . . . . . . . . . . . . . 3   »
    Chagrin 1er choix, noir, reliure molle, coins arrondis, tr. dorée.  7   »
    Maroquin du Levant, uni, couleurs variées, tr. rouge sous or.  10   »
              **Remise de 20 %/0 et treizième.**

*Prix des reliures adoptées pour les collèges et établissements ecclésiastiques.*

    Demi-chagrin noir, tranche rouge . . . . . . . . . . . . . . . 1   »
    Mouton chagriné noir, tranche rouge. . . . . . . . . . . . . . 1   50
    Chagrin noir, tranche rouge . . . . . . . . . . . . . . . . . 2   »

**N. B. — Ces prix de reliure ne sont passibles d'aucune remise, ni escompte, ni treizième.**

**LE ROSAIRE PRATIQUE**, Méditations et formules pour les réunions de la confrérie, par le R. P. Raphaël Quincenet, des Frères Prêcheurs, directeur du Rosaire. Un volume in-16 de 352 pages.

    Broché . . . . . . . . . . . . . . . . . . . . . . . . . . . . 1   »
    Cartonnage, toile noire, tranche rouge. . . . . . . . . . . . . 1   60
              **Remise de 25 %/0 et treizième.**

*En préparation.* — **UNE PAGE DE PIÉTÉ POUR CHAQUE JOUR**, un volume in-32 allongé, par Mme de Barberey.

**LE NOUVEAU TESTAMENT DE JÉSUS-CHRIST**, in-18 carré, mesurant 15×10, traduction par MM. Bourassé et Janvier, chanoines de l'église métropolitaine de Tours. Édition en caractères très lisibles, sur papier teinté.

             Broché . . . . . . . . . . . . . . . . . . . . . . . . 2   25
             Basane propre, tranche rouge. . . . . . . . . . . . . . 3   »
    [N° 10]  Chagrin noir, tranche rouge. . . . . . . . . . . . . . 4   »
             Chagrin 1er choix, noir, tranche dorée . . . . . . . . 5   »
             Chagrin 1er choix La Vallière, tranche dorée . . . . . 5   15
             Maroquin du Levant, poli, vert ou grenat, tr. marbrée dorée.  10   »
              **Par cent net : 25 c. de remise.**

**ANGE CONDUCTEUR DES AMES DÉVOTES** (L') DANS LA VOIE DE LA PERFECTION CHRÉTIENNE (**GROS CARACTÈRES**), in-18. mesurant 15×10, par Goret. — Contenant l'Office des principales Fêtes de l'année, les Vêpres et Complies du Dimanche.

             Reliure anglaise, basane gaufrée à froid, 1 gravure . . . . . 1   55
             Basane propre bordée, 1 gravure . . . . . . . . . . . . . . . 1   75
    [N° 34]                 DORURE SUR TRANCHE
             Reliure anglaise, basane, ornements à froid, 2 gravures . . . . 2   10
             Chagrin gaufré à froid, 3 gravures. . . . . . . . . . . . . . . 2   75
             Chagrin 1er choix. noir. 4 gravures . . . . . . . . . . . . . . 4   »
             Chagrin 1er choix La Vallière, 4 gravures. . . . . . . . . . . 4   15
              **Par cent net : 15 c. de remise.**

**CONDUITE POUR PASSER SAINTEMENT LE TEMPS DU CARÊME,** par le
R. P. Avrillon. Nouvelle édition. Format in-18.

> Reliure anglaise, basane gaufrée à froid, tr. marbrée, 1 grav.   1 60
> [N° 9] Reliure propre, bordée, tranche marbrée, 1 gravure . . . . .   1 90
> Chagrin gaufré à froid, tranche dorée, 3 gravures . . . . . .   2 80

**Par cent net : 15 c. de remise.**

**L'IMITATION DE JÉSUS-CHRIST,** traduction nouvelle avec des réflexions à la
fin de chaque chapitre, par l'abbé F. DE LAMENNAIS. Nouvelle édition de luxe,
format grand in-8° jésus. Gravures hors texte d'après L. Hallez. Ornements
tirés des miniatures de la fin du XIVᵉ et du commencement du XVᵉ siècle.

> Broché . . . . . . . . . . . . . . . . . . . . . . . . . . .   10 »
> Demi-reliure, dos en chagrin doré, plats en toile, tr. dorée . . . .   15 »
> Chagrin 1ᵉʳ choix, noir ou couleurs, tr. dorée, gardes chromo. . . .   20 »

**Remise de 33 % et treizième.**

**L'IMITATION DE JÉSUS-CHRIST,** grand in-32 jésus, mesurant 14×11,
avec des réflexions à la fin de chaque chapitre, par l'abbé F. DE LAMENNAIS.

**Seize gravures hors texte par Gustave Doré ;**
**illustration du texte par Giacomelli.**

> Maroquin poli, avec charnières, vert, grenat, hussard, gardes
>    chromo, tranche dorée . . . . . . . . . . . . . . . . . .   7 »
> [N° 126] Maroquin du Levant, poli, uni, gardes chromo, écrin. . . . .   10 »
> La même reliure, avec gardes en soie. . . . . . . . . . . . .   12 »

**Par cent net : 1 fr. de remise.**

**L'IMITATION DE JÉSUS-CHRIST,** in-32 jésus, mesurant 12×9, avec des
réflexions à la fin de chaque chapitre, par l'abbé F. de Lamennais, suivie de
la Messe et des Vêpres du Dimanche.

> Reliure anglaise, basane gaufrée à froid, 1 gravure . . . . . .   1 15

> [N° 62]                    DORURE SUR TRANCHE

> Reliure anglaise, basane, ornements à froid, 2 gravures . . .   1 35
> Chagrin gaufré à froid, 3 gravures, tranche dorée ou rouge. .   2 »
> Chagrin 1ᵉʳ choix, noir, titre colorié, 4 gravures . . . . . . .   3 »
> Chagrin 1ᵉʳ choix La Vallière, titre colorié, 4 gravures . . . .   3 15

**Par cent net : 10 c. de remise.**

**IMITATION DE JÉSUS-CHRIST (GROS CARACTÈRES),** in-18, mesurant 15×10,
par le R. P. de Gonnelieu, *avec une Prière et une Pratique* à la fin de chaque
chapitre, augmentée de la Messe et des Vêpres du Dimanche.

> Reliure anglaise, basane gaufrée à froid, 1 gravure . . . . .   1 80
> Basane propre bordée, 1 gravure . . . . . . . . . . . . . . .   2 »

> [N° 12]                    DORURE SUR TRANCHE

> Reliure anglaise, basane, ornements à froid, 2 gravures . . .   2 35
> Chagrin gaufré à froid, 3 gravures. . . . . . . . . . . . . .   3 »

**Par cent net : 20 c. de remise.**

**IMITATION DE JÉSUS-CHRIST,** in-32 raisin, édition de LUXE, mesurant 12×9,
par le R. P. de Gonnelieu, *avec une Prière et une Pratique* à la fin de chaque
chapitre, augmentée de l'Ordinaire de la Messe et des Vêpres du Dimanche.

> Basane propre bordée, 1 gravure . . . . . . . . . . . . . . .   1 15
> Basane gaufrée, 1 gravure. . . . . . . . . . . . . . . . . . .   1 15

> [N° 14]                    DORURE SUR TRANCHE

> Reliure angloise, basane, ornements à froid, 2 gravures . . .   1 35
> Chagrin gaufré à froid, 3 gravures, tranche dorée ou rouge. .   2 »
> Chagrin 1ᵉʳ choix, noir, titre colorié, 4 gravures. . . . . . .   3 »
> Chagrin 1ᵉʳ choix La Vallière, titre colorié, 4 gravures . . . .   3 15

**Par cent net : 10 c. de remise.**

**IMITATION DE JÉSUS-CHRIST**, **in-32 carré**, édition PERLE, mesurant 11×8, par le R. P. de Gonnelieu, *avec une Prière et une Pratique* à la fin de chaque chapitre, augmentée de l'Ordinaire de la Messe et des Vêpres du Dimanche.

|  |  |  |
|---|---|---|
| Basane propre bordée, 1 gravure | » | 95 |
| Basane gaufrée, 1 gravure | » | 95 |

[N° 26]              DORURE SUR TRANCHE

|  |  |  |
|---|---|---|
| Reliure anglaise, basane, ornements à froid, 2 gravures | 1 | 10 |
| Chagrin gaufré à froid, 3 gravures | 1 | 45 |
| Chagrin 1er choix, noir, titre colorié, 4 gravures | 2 | 50 |
| Chagrin 1er choix La Vallière, titre colorié, 4 gravures | 2 | 60 |

**Par cent net : 10 c. de remise.**

**DE IMITATIONE CHRISTI LIBRI QUATUOR**, **in-32 carré**, mesurant 10×7, jolie édition PERLE, augmentée de la Messe et des Vêpres du Dimanche.

|  |  |  |
|---|---|---|
| Basane propre bordée, 1 gravure | » | 90 |
| Basane gaufrée, 1 gravure | » | 90 |

[N° 16]              DORURE SUR TRANCHE

|  |  |  |
|---|---|---|
| Reliure anglaise, basane, ornements à froid, 2 gravures | 1 | 05 |
| Chagrin gaufré à froid, 3 gravures | 1 | 40 |
| Chagrin 1er choix, noir, titre colorié, 4 gravures | 2 | 50 |
| Chagrin 1er choix La Vallière, titre colorié, 4 gravures | 2 | 60 |

**Par cent net : 10 c. de remise.**

**FORMULAIRE DE PRIÈRES** POUR PASSER SAINTEMENT LA JOURNÉE, **in-32 jésus**, mesurant 13×9, à l'usage des Pensionnaires de toutes les communautés religieuses, conforme à l'édition de Caen.

|  |  |  |
|---|---|---|
| Reliure anglaise, basane gaufrée à froid, 1 gravure | 1 | 60 |
| Basane propre bordée, 1 gravure | 1 | 80 |

[N° 11]              DORURE SUR TRANCHE

|  |  |  |
|---|---|---|
| Reliure anglaise, basane, ornements à froid, 2 gravures | 2 | » |
| Chagrin gaufré à froid, 3 gravures | 2 | 60 |
| Chagrin 1er choix, noir, titre colorié, 4 gravures | 3 | 60 |
| Chagrin 1er choix La Vallière, titre colorié, 4 gravures | 3 | 75 |

**Par cent net : 15 c. de remise.**

**INTRODUCTION A LA VIE DÉVOTE**, **in-32 raisin**, mesurant 12×8, par saint François de Sales, évêque et prince de Genève, fondateur de l'ordre de la Visitation de Sainte-Marie ; édition revue, corrigée et augmentée de la Messe et des Vêpres du Dimanche.

|  |  |  |
|---|---|---|
| Basane propre bordée, 1 gravure | 1 | 15 |
| Basane gaufrée, 1 gravure | 1 | 15 |

[N° 20]              DORURE SUR TRANCHE

|  |  |  |
|---|---|---|
| Reliure anglaise, basane, ornements à froid, 2 gravures | 1 | 35 |
| Chagrin gaufré à froid, 3 gravures | 2 | » |
| Chagrin 1er choix, noir, titre colorié, 4 gravures | 3 | » |
| Chagrin 1er choix La Vallière, titre colorié, 4 gravures | 3 | 15 |

**Par cent net : 10 c. de remise.**

**LE LIVRE DE MESSE DE L'ENFANCE**, ou la sainte Messe en images accompagnées de prières, avec la manière de servir la messe, **in-32 raisin**, mesurant 14×9, traduit et imité de l'anglais de Mme Kavanagh, par M. l'abbé Sempé ; 50 gravures sur bois.

|  |  |  |
|---|---|---|
| [N° 89] Imitation de veau grenat, ornements dorés, tranche dorée | » | 50 |
| Percaline, ornements en or et noir, tranche dorée | » | 60 |

**Par cent net  5 c. de remise.**

**MANUALE CHRISTIANUM**, in quo continentur : — 1º Novum Jesu Christi
Testamentum Vulgatæ editionis juxta exemplar Vaticanum. — 2º Officium
parvum B. M. Virginis. — 3º De Imitatione Christi libri quatuor. (LIVRE DE POCHE.)
Belle édition in-32 petit carré, mesurant 10×7, ornée d'une gravure sur
acier et d'un encadrement rouge.

|  | | |
|---|---|---|
| Reliure propre bordée, tranche rouge | 2 | 35 |
| [Nº 96] Chagrin gaufré à froid, tranche dorée | 2 | 75 |
| Chagrin 1ᵉʳ choix, noir, tranche dorée ou tranche rouge. | 3 | 50 |
| Chagrin 1ᵉʳ choix La Vallière, tranche dorée ou tranche rouge. | 3 | 65 |

ÉDITION SUR PAPIER INDIEN

|  | | |
|---|---|---|
| Chagrin noir, reliure molle, coins arrondis, tranche rouge sous or, monogramme à froid. | 4 | » |
| La même reliure, couleur grenat | 4 | 15 |

**Par cent net : 20 c. de remise.**

**MANUEL DU CHRÉTIEN**, in-32 grand raisin, mesurant 12×8, belle édition
PERLE, contenant les Psaumes, le Nouveau Testament, accompagnés de notes,
l'Imitation de N.-S. Jésus-Christ, l'Ordinaire de la Messe et les Vêpres.

|  | | |
|---|---|---|
| Broché, 1 gravure. | 1 | 35 |
| Reliure anglaise, basane gaufrée à froid, 1 gravure | 1 | 75 |
| Basane propre bordée, 1 gravure | 1 | 85 |

[Nº 6]    DORURE SUR TRANCHE

|  | | |
|---|---|---|
| Reliure anglaise, basane, ornements à froid, 2 gravures | 2 | 15 |
| Chagrin gaufré à froid, 3 gravures. | 2 | 65 |
| Chagrin 1ᵉʳ choix, noir, 4 gravures. | 3 | 60 |
| Chagrin 1ᵉʳ choix La Vallière, 4 gravures | 3 | 75 |

ÉDITION SUR PAPIER MINCE

|  | | |
|---|---|---|
| Chagrin La Vallière, reliure molle, coins arrondis, tranche rouge sous or. | 3 | 75 |
| Maroquin du Levant, poli, tranche marbrée dorée, 4 gravures. | 6 | 15 |

**Par cent net : 15 c. de remise.**

**MANUEL DE PIÉTÉ A L'USAGE DE LA JEUNESSE**, in-32 raisin (416 pages),
mesurant 12×8, par F. I. C.; contenant : 1º Prières de la journée; — 2º Sujets de
Méditations pour tous les jours du mois; — 3º De la sainte Messe; — 4º Évangiles
des Dimanches et principales Fêtes de l'année; — 5º Des Vêpres; — 6º Du Sacrement de pénitence; — 7º Du Sacrement de l'Eucharistie; — 8º Des pratiques
de dévotion; — 9º Prières diverses; — 10º De la Vocation; — 11º Règlement
de vie.

|  | | |
|---|---|---|
| Cartonné en toile noire, tranche jaspée, 1 gravure. | 1 | 50 |
| Cartonné en toile noire, tranche dorée, 1 gravure. | 1 | 75 |
| [Nº 112] Reliure anglaise, basane gaufrée à froid, tr. marbrée, 1 grav. | 1 | 75 |
| Reliure anglaise, basane, ornements à froid, tr. dorée, 1 grav. | 2 | » |
| Chagrin gaufré à froid, tranche dorée, 1 gravure. | 2 | 85 |

**Remise de 20 % sur les prix ci-dessus.**

**CHOIX DE MÉDITATIONS ET DE PENSÉES CHRÉTIENNES**, in-32 jésus,
mesurant 14×9, par Mᵐᵉ Swetchine, publié par le comte de Falloux, de
l'Académie française; une gravure sur acier.

|  | | |
|---|---|---|
| Broché. | 1 | » |
| Percaline gaufrée, tranche jaspée | 1 | 30 |
| [Nº 78] Chagrin gaufré à froid, tranche dorée | 2 | 70 |
| Chagrin 1ᵉʳ choix, noir, tranche dorée | 4 | » |
| Chagrin 1ᵉʳ choix. La Vallière, tranche dorée | 4 | 15 |

**Par cent net : 15 c. de remise.**

**ÉVANGILES DES DIMANCHES ET DES PRINCIPALES FÊTES DE L'ANNÉE**, avec de courtes réflexions, formant un résumé de la doctrine chrétienne, par M. Allegret, chanoine honoraire, curé de Saint-Avertin (Indre-et-Loire).

Broché. . . . . . . . . . . . . . . . . . . . . . . . . . . . . .

[N° **157**] Cartonné, dos en perc line . . . . . . . . . . . . . . . . . . » 75

Toile noire, tranche rouge. . . . . . . . . . . . . . . . . . . 1 »

. . . . . . . . . . . . . . . . . . . . . . . . . . . . . . . 1 25

Remise de 33 % et treizième.

**VIES DES SAINTS, in-12**, mesurant 18 × 11, pour tous les jours de l'année, par Mésengny, avec une Prière et des Pratiques à la fin de chaque Vie, et des instructions sur les Fêtes mobiles.

[N° **44**] Reliure anglaise, basane gaufrée à froid, 1 gravure . . . . . 1 80

Basane propre bordée, 1 gravure . . . . . . . . . . . . . . . . 2 05

Par cent net : 20 c. de remise.

**VISITES AU SAINT SACREMENT ET A LA SAINTE VIERGE, in-32 raisin**, mesurant 12 × 9, par saint Liguori, suivies de Pratiques, d'Aspirations affectueuses, de Méditations et de Prières, des Prières pendant la Messe, des Vêpres du Dimanche et de celles de la sainte Vierge.

Basane propre bordée, 1 gravure . . . . . . . . . . . . . . . . 1 »

Basane gaufrée, 1 gravure . . . . . . . . . . . . . . . . . . . 1 »

[N° **46**]      D O R U R E S U R T R A N C H E

Reliure anglaise, basane gaufrée à froid, 1 gravure. . . . . . 1 20

Chagrin gaufré à froid, 3 gravures. . . . . . . . . . . . . . . 1 75

Chagrin 1er choix, noir, titre colorié, 4 gravures . . . . . . . 2 65

Chagrin 1er choix La Vallière, titre colorié, 4 gravures . . . . 2 80

Par cent net : 10 c. de remise.

# OPUSCULES RELIGIEUX

### PIQUÉS-ROGNÉS

Par 13/12 — par cent net.

**CANTIQUES** à l'usage des Missions et des Retraites, 72 pages in-18. » 10 — 7 50

**EXERCICES DE PIÉTÉ**, à l'usage des Missions et des Retraites, 108 pages in-18. . . . . . . . . . . . . . . . . . . . . . . . . . » 20 — 15 »

**CHEMIN DE LA CROIX**, 36 pages in-18. . . . . . . . . . . . . » 07 — 5 »

**EXAMEN DE CONSCIENCE**, à l'usage de la jeunesse, 36 pages in-18. . . . . . . . . . . . . . . . . . . . . . . . . . . . . . » 07 — 5 »

# GRAVURES RELIGIEUSES

**SOUVENIR DE PREMIÈRE COMMUNION** pour les jeunes gens et pour les jeunes filles; deux très belles gravures d Fr. Luny (de Düsseldorf), d'après L. Hallez (22 centimètres de hauteur sur 14 de largeur).— Prix de chaque sujet: Epreuves sur beau papier, grandes marges : **25 cent**. — Par cent net : **15 cent**.

# PUBLICATIONS

DE

# LA SOCIÉTÉ D'ÉDITIONS CATHOLIQUES

ANCIENNES RAISONS SOCIALES

## LAPLACE, SANCHEZ, REVON ET C<sup>IE</sup>

## MISSELS ILLUSTRÉS

[N° 511] **LE MISSEL DE NOTRE-DAME DE FRANCE**, contenant les Offices de tous les Dimanches et des principales Fêtes de l'année, augmenté des prières pendant la Messe et de l'exercice du Chemin de la Croix. Beau volume de 507 pages, mesurant 15 × 12, papier teinté et caractères elzéviriens, en rouge et noir; enrichi à chaque page d'un encadrement représentant les principaux pèlerinages de France; les édifices, les sanctuaires et les faits caractéristiques; dessins de Allouard, gravés par Méaulle, et de 4 gravures hors texte sur acier, tirées en double teinte, dessins de Mouchot et Carot.

Une notice de 64 pages, contenant l'historique des pèlerinages, accompagne chaque exemplaire.

Maroquin poli, avec charnières, vert, grenat, hussard, olive,
cuivre et tabac, tranche dorée, gardes chromo. . . . . . 6 25
La même reliure, avec gardes en soie. . . . . . . . . . . 8 25
Maroquin du Levant, poli, uni, gardes chromo. . . . . . . 9 25
La même reliure, avec gardes en soie. . . . . . . . . . . 11 25

**Par cent net : 50 c. de remise.**

Riche écrin, garni en satin bouillonné, livré avec le volume . 1 50

[N° 559] **LE MISSEL DE NOTRE-DAME DE FRANCE.** Édition imprimée en couleurs, sur papier teinté.

*Mêmes prix et mêmes reliures que pour le n° 511 ci-dessus.*

[N° 553] **LE MISSEL DE NOTRE-DAME DE FRANCE.** Plaquette imprimée sur papier teinté; contenant les prières du matin et du soir, les Psaumes de la pénitence, les Litanies des saints, prières pendant la sainte Messe, la sainte Messe, les Vêpres et Complies, la Messe de mariage et la Messe d'enterrement, le Chemin de la Croix. Beau volume de 178 pages, mesurant 15 × 12.

Maroquin poli, avec charnières, vert, grenat, hussard, olive,
cuivre et tabac, tranche dorée, gardes chromo. . . . . . 5 25
La même reliure, avec gardes en soie. . . . . . . . . . . 7 25
Maroquin du Levant, poli, uni, gardes chromo. . . . . . . 8 25
La même reliure, avec gardes en soie. . . . . . . . . . . 10 25

**Par cent net : 50 c. de remise.**

Riche écrin, garni en satin bouillonné, livré avec le volume . 1 50

[N° 560] **LE MISSEL DE NOTRE-DAME DE FRANCE.** Plaquette imprimée en couleurs sur papier teinté.

*Mêmes prix et mêmes reliures que pour le n° 553 ci-dessus.*

[N° 528] **LE MISSEL DE NOTRE-DAME DU ROSAIRE**, contenant les Offices des Dimanches et des principales Fêtes de l'année, les Prières pendant la Messe, l'Exercice du Chemin de la Croix, etc.

Magnifique volume de 508 pages, mesurant 15 × 12, texte soigné imprimé en rouge et noir; dessins artistiques encadrant chaque page à droite et à gauche, imprimés en bistre et en noir et représentant les quinze mystères du saint Rosaire. Ces dessins, dus au talent de MM. L. Mouchot et Habert-Dys, et gravés par Méaulle, sont la consécration de cet ouvrage remarquable. — Quatre gravures sur acier hors texte, tirées en double teinte.

Une notice de 12 pages, rédigée par le R. P. Libercier, de l'Ordre des Dominicains, explique les encadrements du Missel de Notre-Dame du Rosaire.

Maroquin poli, avec charnières, vert, grenat, hussard, olive,
   cuivre et tabac, tranche dorée, gardes chromo. . . . . . . 8 »
La même reliure, avec gardes en soie. . . . . . . . . . 10 »
Maroquin du Levant, poli, uni, gardes chromo. . . . . . . 11 »
La même reliure, avec gardes en soie. . . . . . . . . . 13 »

**Par cent net : 50 c. de remise.**

Riche écrin, garni en satin bouillonné, livré avec le volume . 1 50

[N° 528] **LE MISSEL DE NOTRE-DAME DU ROSAIRE**. Plaquette imprimée sur papier teinté, contenant les Prières du matin et du soir, les Psaumes de la Pénitence, les Litanies des Saints, Prières pendant la sainte Messe, la sainte Messe, les Vêpres et Complies, Office ordinaire de la sainte Vierge ; beau volume de 154 pages, mesurant 15 × 12.

Maroquin poli, avec charnières, vert, grenat, hussard, olive,
   cuivre et tabac, tranche dorée, gardes chromo. . . . . . . 7 »
La même reliure, avec gardes en soie. . . . . . . . . . 9 »
Maroquin du Levant, poli, uni, gardes chromo. . . . . . . 10 »
La même reliure, avec gardes en soie . . . . . . . . . 12 »

**Par cent net : 50 c. de remise.**

Riche écrin, garni en satin bouillonné, livré avec le volume . 1 50

N° 532] **LE MISSEL DE LA TRÈS SAINTE VIERGE**, contenant les Offices des Dimanches et des principales Fêtes de l'année, les Prières pendant la Messe, l'Exercice du Chemin de la Croix, etc. etc., augmenté des Offices de toutes les Fêtes consacrées à la sainte Vierge. Très beau volume de 448 pages mesurant 15 × 12, texte imprimé soigneusement en rouge et noir; dessins couleur ardoise à chaque page, avec disposition nouvelle, représentant les différentes phases de la vie de la bienheureuse Vierge Marie ; quatre vignettes hors texte en double teinte se rapportant spécialement à l'ouvrage.

Une notice de 43 pages expliquant les dessins exécutés par L. Mouchot, est remise gratuitement avec chaque exemplaire du Missel de la très sainte Vierge.

Maroquin poli, avec charnières, vert, grenat, hussard, olive,
   cuivre et tabac, tranche dorée, gardes chromo. . . . . . . 7 »
La même reliure, avec gardes en soie. . . . . . . . . . 9 »
Maroquin du Levant, poli, uni, gardes chromo. . . . . . . 10 »
La même reliure, avec gardes en soie . . . . . . . . . 12 »

**Par cent net : 50 c. de remise.**

Riche écrin, garni en satin bouillonné, livré avec le volume . 1 50

# LIVRE D'HEURES ILLUSTRÉ

[N° 545] **HEURES DE LA SAINTE BIBLE**, contenant les Offices des Dimanches et des principales Fêtes de l'année, y compris une Messe de Communion. Volume mesurant 16×12, de 192 pages ; papier spécial, nombreuses illustrations d'un dessin et d'une gravure irréprochables, imprimées en bistre, formant à chaque page un encadrement riche, comprenant tout l'ensemble de l'histoire Sainte, depuis la création du monde jusqu'à l'Ascension de Notre-Seigneur Jésus-Christ. — Quatre gravures hors texte, sur acier, tirées en double teinte.

Imitation de maroquin poli, olive, grenat, hussard, tranche
   dorée, gardes chromo. . . . . . . . . . . . . . . . . . .   5  50
Maroquin poli, avec charnières, vert, grenat, hussard, cuivre
   et tabac, tranche dorée, gardes chromo . . . . . . . . .   6  50
La même reliure, avec gardes en soie. . . . . . . . . . .   9  »

**Par cent net : 50 c. de remise.**

Riche écrin, garni en satin bouillonné, livré avec le volume .   2  »

---

# PAROISSIENS-MISSELS ENCADRÉS

[N° 515] **PAROISSIEN ROMAIN**, contenant les Offices de tous les Dimanches et des principales Fêtes de l'année, en latin et en français, les Prières durant la Messe, l'Office des Morts et le Chemin de la Croix, mesurant 155×115 ; 508 pages, cadre teinté ou noir, quatre gravures hors texte sur acier.

Mouton anglais, grenat ou vert, uni ou équerre en relief à
   froid, tranche dorée, gardes chromo. . . . . . . . . . .   2  75
Imitation de maroquin poli, olive, grenat, hussard, tranche
   dorée, gardes chromo. . . . . . . . . . . . . . . . . . .   3  75

**Par cent net : 25 c. de remise.**

[N° 521] **PAROISSIEN ROMAIN**, contenant tous les Offices, Prières, etc., en latin et en français, mesurant 145×118 ; 676 pages, cadre perle ou bistre, beau caractère, quatre gravures sur acier.

Mouton anglais, grenat ou vert, uni ou équerre en relief à
   froid, tranche dorée, gardes chromo. . . . . . . . . . .   2  50
Imitation de maroquin poli, olive, grenat, hussard, tranche
   dorée, gardes chromo. . . . . . . . . . . . . . . . . . .   3  50

**Par cent net : 25 c. de remise.**

[N° 522] **PAROISSIEN ROMAIN**, contenant les Offices des Dimanches et des Fêtes de toute l'année, l'Office des Morts, le Commun des Saints, les Prières pendant la Messe, etc., en latin et en français. Volume de 635 pages, mesurant 134×102, orné de quatre gravures sur acier.

Mouton anglais, grenat ou vert, uni ou équerre en relief à
   froid, tranche dorée, gardes chromo. . . . . . . . . . .   2  25
Imitation de maroquin poli, olive, grenat, hussard, tranche
   dorée, gardes chromo . . . . . . . . . . . . . . . . . .   3  »

**Par cent net : 25 c. de remise.**

# PAROISSIENS

[N° 547] **PAROISSIEN ROMAIN**, contenant les Offices de tous les Dimanches et des principales Fêtes de l'année, en latin et en français ; augmenté du Commun des Saints et de la Messe du jour de Communion. Volume de 664 pages, mesurant 120 × 85, encadrement violet, quatre gravures sur acier.

Basane chagrinée, grenat. ornements en relief, tranche dorée.   1 20
Mouton anglais, grenat ou vert, uni, tranche dorée, gardes
    chromo . . . . . . . . . . . . . . . . . . . . . . . . . 1 50
Imitation de maroquin poli, olive, grenat, hussard, tranche
    dorée, gardes chromo. . . . . . . . . . . . . . . . . 2 50
Chagrin poli, uni, olive, grenat, hussard, tranche dorée,
    gardes chromo . . . . . . . . . . . . . . . . . . . . 3 »

Par cent net : 15 c. de remise.

[N° 516] **PAROISSIEN ROMAIN**, contenant les Offices de tous les Dimanches et des principales Fêtes de l'année, en latin et en français ; augmenté du Commun des Saints et de la Messe du jour de la Communion. Volume de 512 pages, mesurant 117 × 76, avec encadrement violet et rouge, quatre gravures sur acier.

Mouton anglais, grenat, uni, tranche dorée . . . . . . . . 1 20
Mouton grenat, petit chagrin, ouaté, ornements en relief à
    froid, tranche dorée. . . . . . . . . . . . . . . . . 1 20
La même reliure, avec ornements en relief, dorés et à froid . 1 30
Imitation de maroquin, poli, uni, reliure souple, grenat, vert
    ou hussard, coins arrondis, tranche dorée . . . . . . . 1 75
La même reliure, avec dentelle dorée tournante . . . . . . . 2 25
Chagrin poli, vert, grenat, hussard, tranche dorée, gardes
    chromo. . . . . . . . . . . . . . . . . . . . . . . . 2 50

Par cent net : 15 c. de remise.

---

# PAROISSIENS-MISSELS
## Gros caractères

[N° 512] **LE MISSEL ROMAIN**. Volume mesurant 16 × 12, de 684 pages, tiré en rouge et noir, très gros caractères, et orné de quatre gravures sur acier hors texte.

Basane noire, filets et chiffres à froid, tranche jaspée. . . . . 1 50
La même reliure, tranche rouge. . . . . . . . . . . . . . 1 60
Chagrin 2ᵉ choix, noir, tranche dorée ou rouge. . . . . . . . 3 »

Par cent net : 20 c. de remise.

[N° 513] **PAROISSIEN ROMAIN**, complet, gros caractères, en latin et en français, sur papier blanc, encadrement teinte grise, volume de 852 pages, mesurant 135 × 120, quatre gravures sur acier, hors texte.

Basane noire, filets et chiffre à froid, tranche jaspée. . . . . 1 75
La même reliure, tranche rouge. . . . . . . . . . . . . . 1 85
Chagrin 2ᵉ choix, noir, tranche dorée ou rouge. . . . . . . . 3 25
Chagrin poli, uni, avec charnières, couleurs variées, tranche
    dorée, gardes chromo. . . . . . . . . . . . . . . . . 5 25
La même reliure, avec gardes en soie. . . . . . . . . . . . 7 25

Par cent net : 25 c. de remise.

# LIVRES ALLONGÉS

### GRAND ET PETIT FORMATS

[N° 542] **LA SAINTE MESSE.** Format allongé, mesurant 130 × 67, très mince, 44 pages, renfermant les prières pendant la sainte Messe, la Messe du Mariage et la Messe d'Enterrement. Caractères elzéviriens ; frise artistique en rouge et noir formant illustration à chaque page ; lettres ornées, culs-de-lampe, etc.

Mouton petit chagrin, grenat, équerre à froid, tranche dorée.     » 75
Mouton, imitation de veau, vert, grenat ou hussard, tranche
dorée. . . . . . . . . . . . . . . . . . . . . . . . .     » 85
La même reliure, avec ornements dorés. . . . . . . . . .     1 20

**Par cent net : 15 c. de remise.**

[N° 531] **PETITES HEURES.** Format allongé, mesurant 130 × 67, 144 pages, renfermant les trois Messes, les Vêpres, les Prières du matin et du soir, le Chemin de la Croix, etc. Édition de luxe ; frise artistique tirée en rouge et noir, en haut de chaque page ; lettres ornées, culs-de-lampe, etc.

Imitation de maroquin poli, ouaté, coins arrondis, olive, grenat ou hussard, tranche dorée. . . . . . . . . . . . . .     1 65
La même reliure, avec dentelle dorée tournante . . . . . .     2 05

**Par cent net : 15 c. de remise.**

[N° 546] **OFFICES DU DIMANCHE.** Ouvrage de luxe, format allongé, 158 × 88, gros caractères elzéviriens ; illustration artistique tirée en rouge et noir en haut de chaque page, avec encadrement rouge. Contenant les Prières du matin et du soir, les Offices du Dimanche : la sainte Messe, la Messe de Communion ; la Messe de Mariage, la Messe d'Enterrement, les Vêpres ; l'Exercice du Che-min de la Croix, etc.

Imitation de maroquin poli, olive, grenat ou hussard, ouaté,
coins arrondis, roulette en dedans, tranche rouge sous or,
gardes chromo. . . . . . . . . . . . . . . . . . . . .     2 75
Maroquin poli, ouaté, couleurs variées, reliure souple, coins
arrondis, tranche rouge sous or, gardes chromo . . . . . .     3 75
Maroquin du Levant, poli, uni, tranche marbrée dorée,
gardes chromo . . . . . . . . . . . . . . . . . . . .     5 »
La même reliure, gardes en soie . . . . . . . . . . . .     6 50

**Par cent net : 25 c. de remise.**

[N° 527] **MISSEL PAROISSIAL.** Format allongé, mesurant 163 × 93, de 536 pages. Très complet, impression soignée, sur caractères elzéviriens. Illustra-tions artistiques en rouge et noir, au commencement et à la fin de chaque chapitre.

En feuilles. . . . . . . . . . . . . . . . . . . . . .     » 75
Mouton anglais, grenat, reliure demi-souple, tranche dorée,
gardes chromo . . . . . . . . . . . . . . . . . . . .     2 25

**Par cent net : 25 c. de remise.**

# IMITATIONS DE JÉSUS-CHRIST
## ET LIVRES DE PIÉTÉ

[N° 526] **IMITATION DE JÉSUS-CHRIST**. Traduction avec des réflexions à la fin de chaque chapitre, par l'abbé de Lamennais; un volume, beaux caractères, format carré de 140 × 100; 596 pages, avec quatre gravures sur acier. Nouvelle édition avec encadrement rouge.

Chagrin 2ᵉ choix, noir, tranche dorée ou rouge. . . . . . . . 2 50
Chagrin 2ᵉ choix, grenat, tranche dorée. . . . . . . . . . . . 2 65
Chagrin poli, noir, olive, grenat ou hussard, tranche dorée,
gardes chromo . . . . . . . . . . . . . . . . . . . . . . 3 75

Par cent net : **25 c. de remise.**

[N° 506] **IMITATION DE JÉSUS-CHRIST**. Traduction avec des réflexions à la fin de chaque chapitre, par l'abbé de Lamennais; augmentée des Prières pendant la Messe et des Vêpres du Dimanche; un volume de 146 × 108; 512 pages, quatre gravures sur acier. Nouvelle édition avec encadrement teinte ardoise.

Chagrin 2ᵉ choix, noir, tranche dorée ou rouge. . . . . . . . 2 75
Chagrin 2ᵉ choix, grenat, tranche dorée. . . . . . . . . . . . 2 90
Chagrin poli, noir, olive, grenat ou hussard, tranche dorée,
gardes chromo . . . . . . . . . . . . . . . . . . . . . . 4 »

Par cent net : **25 c. de remise.**

[N° 523] **IMITATION DE JÉSUS-CHRIST**. Traduction nouvelle par Mᵍʳ Darboy, archevêque de Paris, augmentée de Réflexions. Très beau volume, grand format, 178 × 122; 608 pages; encadrement en carmin, quatre gravures sur acier.

Broché. . . . . . . . . . . . . . . . . . . . . . . . . . . 2 »
Demi-reliure, chagrin noir, plats toile, tranche rouge . . . . 3 »
Chagrin 2ᵉ choix, noir, tranche dorée ou rouge. . . . . . . . 4 »

[N° 507] **HEURES DE LA FEMME PIEUSE**, contenant l'Office divin des principales Fêtes de l'année, le Chemin de la Croix, les Oraisons de sainte Brigitte et à sainte Geneviève, le Pater de la Jardinière, etc. etc., un volume, gros caractères, mesurant 126 × 88, 568 pages, quatre gravures sur acier.

Basane noire, filets et chiffre à froid, tranche rouge . . . . » 90
La même reliure, tranche dorée. . . . . . . . . . . . . . . . 1 10
Chagrin 2ᵉ choix, noir, tranche dorée ou rouge. . . . . . . . 1 90
Chagrin 2ᵉ choix, grenat, tranche dorée . . . . . . . . . . . 2 05

Par cent net : **15 c. de remise.**

[N° 543] **RECUEIL DE PRIÈRES ET D'INSTRUCTIONS CHRÉTIENNES**, pour tous les besoins de la vie, extrait des monuments de la tradition catholique, par Mᵍʳ Darboy, archevêque de Paris, augmenté de l'Ordinaire de la Messe, des Vêpres, etc. etc. Volume de 692 pages, mesurant 12 × 8; orné de quatre gravures sur acier, hors texte; lettres ornées.

Reliure anglaise, basane gaufrée à froid, tranche rouge . . . 1 30
La même reliure, tranche dorée. . . . . . . . . . . . . . . . 1 50
Chagrin 2ᵉ choix, noir, tranche dorée ou rouge. . . . . . . . 2 15
Chagrin 2ᵉ choix, grenat, tranche dorée . . . . . . . . . . . 2 30

Par cent net : **15 c. de remise.**

[N° 534] **MANUEL DU CHRÉTIEN**. Contenant la Messe et les Vêpres, le Nouveau Testament, les Psaumes, l'Imitation de Jésus-Christ, traduction française, par le R. P. Lallemant. Petit volume de 929 pages, mesurant 108 × 78, quatre gravures sur acier.

> Basane noire, filets et chiffre à froid, tranche jaspée. . . . . .  1  15
> Basane propre bordée, tranche rouge . . . . . . . . . .  1  15
> Chagrin gaufré à froid, tranche dorée . . . . . . . . . . . .  1  90
>
> **Par cent net : 15 c. de remise.**

[N° 536] **LE NOUVEAU TESTAMENT**. Précédé de la sainte Messe et des Vêpres du Dimanche. Traduction française par le R. P. Lallemant. Petit volume de 577 pages, mesurant 108 × 78, quatre gravures sur acier.

> Basane noire, filets et chiffre à froid, tranche jaspée. . . . . .  1  »
> Basane propre bordée, tranche rouge . . . . . . . . . . . .  1  x
> Chagrin gaufré à froid, tranche dorée . . . . . . . . . . .  1  75
>
> **Par cent net : 15 c. de remise.**

[N° 539] **LES PSAUMES DE DAVID**. Précédés de la sainte Messe et des Vêpres du Dimanche. Traduction française, par le R. P. Lallemant. Un volume de 200 pages, mesurant 106 × 73, quatre gravures sur acier.

> Mouton anglais, grenat, reliure molle, filets ou dentelle à
> froid, charnières, tranche dorée. . . . . . . . . . . . . . .  x  90
>
> **Par cent net : 15 c. de remise.**

---

## BEAUX VOLUMES FORMAT CARRÉ 133 × 100

NOMBREUSES ILLUSTRATIONS EN DEUX COULEURS ; FRISES, CULS-DE-LAMPE,
LETTRES ORNÉES

[N° 551] **MÉDITATIONS SUR L'EUCHARISTIE**, par Bossuet. Recueillies et mises en ordre par le R. P. Fages, du Tiers Ordre de Saint-Dominique. Une gravure hors texte, tirée en deux teintes : les disciples d'Emmaüs.

[N° 552] **DÉVOTION AUX SACRÉS CŒURS DE JÉSUS ET DE MARIE**, par saint François de Sales. Méditations recueillies et mises en ordre par le R. P. Fages. Une gravure hors texte tirée en deux teintes : le Magnificat.

PRIX DE CHACUN DES OUVRAGES CI-DESSUS :

> Broché. . . . . . . . . . . . . . . . . . . . . . . . . . .  x  75
> Toile noire, demi-souple, filets et chiffre à froid, tranche
> rouge. . . . . . . . . . . . . . . . . . . . . . . . . . . .  1  »
> Demi-reliure, dos et coins en chagrin, couleurs variées,
> tranche dorée en tête. . . . . . . . . . . . . . . . . . . .  2  x
> Chagrin poli, couleurs variées, tranche dorée . . . . . . . .  3  50

# VIII

## LIVRES DE PIÉTÉ EN LANGUE ESPAGNOLE

# DEVOCIONARIOS Y LIBROS PIADOSOS

### CON APROBACIÓN EPISCOPAL

**Sur les prix des livres espagnols
il est accordé aux Libraires une remise unique de 50 %
avec treizième.**

Un catalogue spécial des prix et des reliures des éditions ci-après
sera envoyé à tous les clients qui en feront la demande.

[N° 202.] **LA IMITACIÓN DE JESUCRISTO**, por A. Kempis. Traducido y arreglado al castellano bajo la dirección del presbítero D. José Salamero y Martinez. Impresión de lujo con encuadramiento rojo y negro, en papel moreno. Edición en 32 prolongado, midiendo 12 × 7; con 4 grabados sobre acero (448 páginas).

[N° 212.] **IMITACIÓN DE MARÍA**. Compuesta por un sacerdote francés conforme al modelo de la Imitación de Cristo, novísima versión castellana por un devoto Mariano. Impresión de lujo con encuadramiento rojo y negro, en papel moreno. Edición en 32 prolongado, midiendo 12×7; con 4 grabados sobre acero (448 páginas).

[N° 226.] **OFICIO PARVO DE LA SANTÍSIMA VIRGEN**. Impresión de lujo con encuadramiento rojo en papel moreno. Edición en 32 prolongado, midiendo 12 × 7 (152 páginas).

[N° 214.] **EL CONSEJERO DE LA PRIMERA COMUNIÓN**. Obrita compuesta y arreglada con sencillez y claridad, para uso de los niños y niñas que se preparan para hacer la primera comunión, por un devoto Mariano. Impresión de lujo con encuadramiento rojo, en papel moreno. Edición en 32 prolongado, midiendo 12 × 7 (212 páginas).

[N° 206.] **VISITAS AL SANTÍSIMO SACRAMENTO Y Á LA SANTÍSIMA VIRGEN**, por S. Alfonso Maria de Ligorio. Conteniendo además las Visitas al glorioso San José, ejercicios para la confesión y comunión, método para oir con fruto la Santa Misa, el trisagio, etc. Impresión de lujo con encuadramiento rojo y negro, en papel moreno. Edición en 32 prolongado, midiendo 12 × 7; con 4 grabados sobre acero (282 páginas).

[N° 209.] **VISITAS AL SANTÍSIMO SACRAMENTO Y Á LA SANTÍSIMA VIRGEN**, por S. Alfonso María de Ligorio. Conteniendo además las Visitas al glorioso San José, ejercicios para la confesión y comunión, método para oir con fruto la Santa Misa, el trisagio, etc. Encuadramiento rojo, grabados sobre madera, en papel moreno. Edición portativa, midiendo 12 × 8 (276 páginas).

[N° 205.] **PEQUEÑO MISAL ROMANO**, Conteniendo un ejercicio cotidiano, ordinario de la Misa, ejercicios para la confesión y comunión, el santo Rosario, Visita al SS. Sacramento, Trisagio, consagración á San José, oración á San Antonio de Padua, y Via-crucis. Edición en 32 prolongado, con encuadramiento rojo y negro, en papel moreno, midiendo 12×7 (144 páginas).

[N° 215.] **EL PEQUEÑO DEVOCIONARIO ROMANO**, Conteniendo las oraciónes de la mañana y de la noche, para la confesión y comunión; el ordinario de la Santa Misa; las Vísperas y otros ejercicios piadosos, por D. J. A. de Lavalle. Impresión de lujo con encuadramiento rojo y negro. Edición en 32 prolongado, en papel moreno, midiendo 12 ×7 (182 páginas).

[N° 216.] **LAS PEQUEÑAS HORAS RELIGIOSAS**, Conteniendo las oraciónes de la mañana y de la noche, de la confesión y comunión; el ordinario de la Santa Misa; las Vísperas y otras oraciones, por D. J. A. de Lavalle. Impresión de lujo con encuadramiento rojo, en papel moreno. Edición prolongada, midiendo 13×7 ¹/₂ (166 páginas).

[N° 201.] **NUEVO OFICIO DIVINO**, Que contiene las Epístolas y Evangelios para todos los Domingos, y el oficio de las principales festividades del año. Impresión de lujo con encuadramiento rojo en papel moreno. Edición en 32 prolongado, midiendo 14 × 8 (376 páginas).

[N° 207.] **GUIA DEL CRISTIANO**, en letra gorda, Que contiene el ejercicio cotidiano, método para la confesión y comunión; modo de oir la Misa con devoción; el Via-crucis y otros ejercicios y devociones. Impresión de lujo con encuadramiento rojo. Edición prolongada, midiendo 15 × 8, en papel moreno (215 páginas).

[N° 225.] **LUZ DIVINA**, en letra gorda, Devocionario que contiene el ejercicio cotidiano, oraciones para antes y después de la confesión, y comunión, modo de oir la Misa con devoción, la Semana Santa, el Via-Crucis y otros ejercicios piadosos. Impresión de lujo con encuadramiento rojo. Edición prolongada, midiendo 14 × 8, en papel moreno (420 páginas).

[N° 208.] **TESORO DIURNO**, en letra gorda, Que contiene el ejercicio cotidiano, método para recibir con fruto los santos Sacramentos, modo de oir la Misa con devoción, y otros ejercicios piadosos. Edición prolongada, midiendo 15 × 8 (221 páginas), en papel moreno, encuadramiento rojo, con grabados.

[N° 211.] **OFICIO DEL DOMINGO**, en letra gorda, Que contiene el ejercicio cotidiano, método para recibir con fruto los santos Sacramentos, modo de oir la Misa con devoción y oficio de la Semana santa. Edición prolongada, midiendo 15 × 8 (370 páginas), en papel moreno, encuadramiento rojo, con grabados.

[N° **217.**] **EL PIADOSO CRISTIANO**, en letra gorda, Conteniendo las oraciones de la mañana y de la noche, de la confesión y comunión; el ordinario de la Santa Misa, las Vísperas, ofrecimiento del Rosario, Visita á María Santísima de Guadalupe, Visitas á los monumentos, por D. J. A. de Lavalle. Impresión de lujo con encuadramiento rojo en papel moreno. Edición prolongada, midiendo 15 × 8 (264 páginas).

[N° **213.**] **OFICIO DE LA SEMANA SANTA**, en letra gorda. Desde el domingo de Ramos hasta las Pascuas inclusive. Edición prolongada, midiendo 15 × 8 (148 páginas), en papel moreno, encuadramiento rojo, con grabados.

[N° **224.**] **OFICIO DE LA SEMANA SANTA**, en letra gorda. Desde el domingo de Ramos hasta las Pascuas inclusive. Edición prolongada, encuadramiento rojo en papel moreno, midiendo 14 × 8 (204 paginas).

[N° **210.**] **SEMANA SANTA**. Oficio completo en castellano, con la explicación de todas las ceremonias que celebra la Iglesia desde el domingo de Ramos hasta las Pascuas inclusive, y con una meditación para cada dia de la semana, va seguido del ordinario de la Misa. Edición en papel moreno, con encuadramiento rojo, midiendo 12 × 9 (760 páginas).

[N° **210** *bis.*] **SEMANA SANTA**. La misma edición, en papel blanco.

[N° **203.**] **OFICIO DIVINO ILUSTRADO**, Que contiene los Oficios de todos los domingos y fiestas principales del año. Edición en papel moreno, en 32 cuadrado, midiendo 11 × 8 (576 páginas). Cuadros y frisas por Ciappori, grabados por Méaulle. Cuatro motivos fuera de texto tomados de las pinturas de Fra Angelico, grabados por L. Rousseau.

[N° **204.**] **MISAL ROMANO**, para uso de los Fieles. Magnífica edición en papel moreno, midiendo 15 × 12 (636 páginas), que contiene los Oficios de los domingos y principales fiestas del año, adornado con orlas variadas. Composiciones de Leniept, grabadas por Méaulle. Ocho magníficos grabados fuera de texto por Gustávo Doré.

[N° **219.**] **MISAL DEL NIÑO JESÚS**. Devocionario dedicado á la infancia cristiana, por el autor del *Consejero de la Primera Comunion*. Conteniendo las oraciones de la mañana y de la noche, modo de oir la Santa Misa con fruto, las Vísperas y otras oraciónes al uso de la infancia. Impresión de lujo con encuadramiento rojo, en papel moreno. Edición en 32 cuadrado, midiendo 9 × 6, grabados de colores (200 páginas).

[N° **223.**] **PEQUEÑO FELIGRÉS**, Conteniendo el ejercicio cotidiano, el ordinario de la Misa, ejercicios para antes y después de la confesión y comunión, el santo Rosario, Visita al SS. Sacramento, Trisagio, Consegración á San José, oración á San Antonio de Padua, letania de la Virgen y el Vía-Crucis. Edición en 64 cuadrado en papel moreno, con encuadramiento rojo; midiendo 8 × 5 (160 páginas).

[N° **220.**] **MES DE MARÍA**, ó Sea mes de Mayo. Consagrado á la devoción de María Santísima. Conteniendo un ejercicio piadoso por cada dia del mes, Letania de la Santísima Virgen, modo de oir Misa en unión de María durante el mes de mayo. Edición en 64 cuadrado, en papel moreno, con encuadramiento rojo; midiendo 8 × 5 (144 páginas).

[Nº 218.] **EL CAMINO DEL CIELO**, en lettra gorda. Conteniendo las oraciones de la mañana y de la noche, de la confesión y comunión; el ordinario de la Santa Misa, las Vísperas, ofrecimiento del Rosario, Visita á María Santísima de Guadalupe, Visitas á los monumentos, la Semana santa completa, por D. J. A. de Lavalle. Impresión de lujo con encuadramiento rojo en papel blanco. Edición prolongada, midiendo 15 × 8 (535 páginas).

[Nº 221.] **MES DE SAN JOSÉ**, ó Sea mes de Marzo. Dedicado á las almas que de veras desean conocer, servir y amar el Sagrado Corazón de Jesús. Conteniendo un ejercicio piadoso por cada día del mes, consagración á San José, Letanía de San José, Misa de San José y Rosario en honor de San José. Edición en 64 cuadrado en papel moreno con encuadramiento rojo; midiendo 8 × 5 (124 páginas).

[Nº 222.] **MES DEL SAGRADO CORAZÓN**, ó Sea mes de Junio. Consagrado á la devoción del Sagrado Corazón de Jesús. Conteniendo un ejercicio piadoso por cada día del mes, Letrilla al Sagrado Corazón de Jesús y Letanía del Sagrado Corazón de Jesús. Edición en 64 cuadrado en papel moreno, con encuadramiento rojo, midiendo 8 × 5 (124 páginas).

**ALFABETO DEL NIÑO JESUS.** Un volumen en 4º, midiendo 30 × 22 (36 páginas), adornado con imágenes de varios colores : dibujos de Carot, grabados por Méaulle.

**LA ORGANIZACIÓN DEL TRABAJO.** Según la costumbre de los talleres y la ley del Decálogo, con un resúmen observaciones sobre la distinción del bien y del mal en el régimen del trabajo, las causas del mal actual y los medios de reforma, las objeciones y réplicas, las dificultades y soluciones, por M. F. Le Play. (Autor de *los Obreros europeos* y de *la Reforma social*.) Versión castellana, de Don Louis de Oliver de Riera, miembro des « Unions de la Paix sociale ». Un volumen en 12.

[N° 301.] **EL LIBRO DE MISA DE LOS NIÑOS**, conteniendo la Misa, las Vísperas, Prosas y Himnos. Bonita edición, midiendo 4 × 2 ½ (134 páginas).

[N° 302.] **EL DIAMANTINO.** Librito de Misa de los niños, conteniendo los ejercicios de la mañana y de la noche, ejercicio de la santa Misa, los Salmos, Cántico de accion de gracias. Bonita edición, midiendo 5 × 3 ½ (128 páginas).

[N° 303.] **MEDITACIONES PARA EL SANTO SACRIFICIO DE LA MISA**, y oraciones para la Confesion y Comunion, el Via-Crucis, y otras oraciones al uso de la infancia, por D. Pablo Minguet. Edición ilustrada, midiendo 6 ½ × 4 ½ (190 páginas).

[N° 308.] **PEQUEÑO OFICIO DIVINO**, para las principales fiestas del año (en latin y castellano), ó sea Nuevo ejercicio cotidiano. 1 vol. en 32; midiendo 11 × 7 (444 páginas).

[N° 309.] **PEQUEÑO OFICIO DIVINO**, para las principales fiestas del año (en latin y castellano), aumentado de la Semana santa y de un nuevo ejercicio cotidiano. Edición ilustrada con encuadramiento rojo. 1 vol. en 32, midiendo 13 × 8 (444 páginas).

[N° 311.] **LA NUEVA LUZ DEL CRISTIANO.** Devocionario que contiene el ejercicio cotidiano, las principales fiestas del año, la Santa Misa, varias oraciones y la Semana santa, etc. *Edición de letra gorda*, arreglada por D. Antonio Romero, capellan de honor de S. M. 1 vol. en 32, midiendo 11 × 7 (564 páginas).

[N° 321.] **MANUEL DE PIEDAD**, ó meditaciones para alcanzar á la perfeccion cristiana, acompañadas de oraciones para todas las necesidades de la vida, y aumentado del mes consagrado al Sagrado Corazon de Jesus, por D. Ant. Romero, capellan de honor de S. M., aprobado por los Emos e Ilmos Arzobispos de Toledo y Patriarca de las Indias. 1 vol. en 32, midiendo 11 × 7 (516 páginas).

[N° 322.] **EL LIBRO DE LAS ÚLTIMAS ORACIONES**, por la señora condesa de Flavigny, traducido al español por D. Ant. Romero, capellan de honor de S. M. 1 vol. en 32, midiendo 11 × 7 (432 páginas).

[N° 326 *bis.*] **IMITACIÓN DE CRISTO**, por A.-Kempis. *Edición en letra gorda,* aumentada de la santa Misa en latin y castellano. 1 vol. en 18, midiendo 14×9 (572 páginas).

[N° 329.] **HORAS DE LA MUJER CATÓLICA.** *Devocionario en letra gorda,* conteniendo la santa Misa, los oficios de las principales fiestas del año, la Semana santa, etc. Compuesto y arreglado por el prebistero D. Antonio Romero Molinero, capellan de S. M. el Rey. 1 vol. en 32, midiendo 12×8 (568 páginas).

[N° 329 *bis.*] **HORAS DE LA MUJER CATÓLICA.** *Devocionario en letra gorda, con encuadramiento de color,* conteniendo la santa Misa, los oficios de las principales fiestas del año, la Semana santa, etc. Compuesto y arreglado por el prebistero D. Antonio Romero Molinero, capellan de S. M. el Rey. 1 vol. en 18, midiendo 14×9 (568 páginas).

[N° 401.] **LA LUZ DEL CIELO.** Devocionario que contiene el ejercicio cotidiano, la santa Misa, las Visperas del Domingo, varias oraciones y la Semana santa. 1 vol. en 18, *en letra gorda,* midiendo 13×9 (617 páginas).

[N° 401 E.] **LA LUZ DEL CIELO.** Devocionario que contiene el ejercicio cotidiano, la santa Misa, las Visperas del Domingo, varias oraciones y la Semana santa. 1 vol. en 18, *en letra gorda, con encuadramiento orla en color,* midiendo 15×10 (617 páginas).

[N° 402.] **EL PERFECTO FELIGRÈS.** Oficio divino completo, para todos los dias de fiesta y de precepto, aumentado de la Semana santa. 1 vol. en 32, *en letra gorda,* midiendo 13×9 (724 páginas).

[N° 402 E.] **EL PERFECTO FELIGRÈS.** Oficio divino completo, para todos los dias de fiesta y de precepto, aumentado de la Semana santa. 1 vol. en 18, *en letra gorda, con encuadramiento orla,* midiendo 15×10 (724 páginas).

[N° 403.] **EUCOLOGIO ROMANO.** Devocionario que contiene los oficios de todos los dias de fiesta y de precepto, aumentado de la Semana santa. 1 vol. en 18, *en letra gorda,* midiendo 13×9 (724 páginas).

[N° 403 E.] **EUCOLOGIO ROMANO.** Devocionario que contiene los oficios de todos los dias de fiesta y de precepto, aumentado de la Semana santa. 1 vol. en 18, *en letra gorda, con encuadramiento orla,* midiendo 15×10 (724 páginas).

[N° 404.] **EUCOLOGIO ROMANO.** Devocionario que contiene el ejercicio cotidiano, la santa Misa, las Visperas del Domingo, el Via-Crucis, otras varias oraciones y la Semana santa, etc. 1 vol. en 18, *en letra gordísima,* midiendo 16×11 (630 páginas).

[N° 405.] **NOVÍSIMO DIAMANTE DIVINO.** Devocionario que contiene la santa Misa, meditaciones para la Confesión y Comunión, los oficios de las principales fiestas del año, la Semana santa, etc. Arreglado por D. Antonio Romero Molinero, capellan de S. M. el Rey. 1 vol. en 32, *en letra gorda,* midiendo 11×7 (436 páginas).

[N° 406.] **NUEVO EUCOLOGIO ROMANO.** Devocionario completo, que contiene todos los oficios del año, el de los Difuntos, la Semana santa entera, etc. 1 vol. en 18, *en letra gorda, papel moreno,* midiendo 15×10 (848 páginas).

[Nº 406 E.] **NUEVO EUCOLOGIO ROMANO**. Devocionario completo, que contiene todos los oficios del año, el de los Difuntos, la Semana santa entera, etc. 1 vol. en 12, *en letra gorda, con encuadramiento orla*, midiendo 17 × 11 (848 páginas).

[Nº 407.] **NOVÍSIMA ÁNCORA DE SALVACIÓN**. Devocionario, que suministra á los fieles, copiosos medios para caminar á la perfección, y á los párrocos abundantes recursos para santificar la párroquia. Por el R. P. José Mach, de la compañia de Jesús. 1 vol. en 32, *en letra gorda,* midiendo 12 × 8 (888 páginas).

[N. 408.] **OFICIO DIVINO**, *ó sea Misal Romano* (muy completo), que contiene el ejercicio cotidiano, los siete Salmos, ordinario de la santa Misa, las Vísperas y Completas, los oficios para todos los dias de fiesta y de precepto, la Semana santa, etc. Impresión esmeralda, ilustraciónes artísticas en rojo y negro, al principio y al final de cada capitulo. Edición prolongada, midiendo 15 × 8 (552 páginas).

[Nº 409.] **MISAL DE NUESTRA SEÑORA DEL ROSARIO**. Devocionario que contiene el ejercicio cotidiano, los siete Salmos, ordinario de la santa Misa, las Vísperas y Completas, los oficios de todas las principales fiestas del año, la Semana santa, etc. Magnifica edición, impresa en rojo y negro, dibujos artisticos encuadrando cada página, representando los 15 mysterios del santo Rosario; composiciones de Mouchot y Habert-Dys. 4 magnificas láminas sobre acero, fuera de texto. Volúmen de 508 páginas, midiendo 15 × 12.

[Nº 410.] **LIBRO DE HORAS**. Conteniendo las oraciones de la mañana y de la noche, de la Confesión y Comunión, letania de todos los Santos, ordinario de la santa Misa, modo de visitar las santas Cruces, etc. Impresión de lujo, frisas artísticas á cada página en rojo y negro. Edición prolongada, midiendo 12 × 7 (148 páginas).

[Nº 411.] **LA SANTA MISA**, que contiene el ordinario de la santa Misa, Himno de acción de gracias, modo de visitar las santas Cruces. Impresión de lujo, frisas artísticas á cada página, en rojo y negro. Edición prolongada, midiendo 12 × 7 (60 páginas).

[Nº 413.] **OFICIO DEL DOMINGO** (*en letra gorda*), que contiene el ejercicio cotidiano, método para recibir con fruto los santos Sacramentas, ordinario de la santa Misa, el Te Deum, las Vísperas, Visitas al Smo Sacramento, el Via-Crucis. Impresión de lujo, encuadramiento rojo, frisas artísticas á cada página, en rojo y negro. Edición prolongada, en papel moreno, midiendo 15 × 8 (188 páginas).

# IX

# LIVRES CLASSIQUES
# A L'USAGE DES COLLÈGES

ÉDITIONS REVUES, FORMAT IN-16

CARTONNAGE, DOS EN TOILE, COUVERTURE IMPRIMÉE, TITRE DORÉ

——▷✳◁——

## ENSEIGNEMENT SECONDAIRE CLASSIQUE

### CLASSIQUES NOUVEAUX

Extraits d'auteurs français (Classe de seconde). Les chroniqueurs français (Montaigne, Lettres du xviii<sup>e</sup> siècle, J.-J. Rousseau), par les RR. PP. Doizé, A. Hamon, R. de la Broise, V. Delaporte. S. J. Deuxième édition. Broché.   1 25

Extraits d'auteurs français (Classe de troisième). (Lettres du xvii<sup>e</sup> siècle) par le R. P. Troussard, S. J. Deuxième édition. Broché. . . . . . . .   1 25

Exercices méthodiques de vers latins, par le P. Bainvel . . . . . . .   2 50
   Le même ouvrage. *Partie du Maître* . . . . . . . . . . . . . . .   4 »

### AUTEURS FRANÇAIS

| | | | |
|---|---|---|---|
| Histoire sainte, par le P. Gazeau ; | | La Bruyère (LES CARACTÈRES). . | 1 40 |
| avec 3 cartes coloriees. . . . . | » 80 | La Fontaine (FABLES) . . . . . | 1 » |
| Histoire ecclésiastique, par le | | Boileau. . . . . . . . . . . . | 1 40 |
| P. Gazeau : avec 3 cartes color. | » 90 | Bossuet (ORAISONS FUNÈBRES). . | 1 40 |
| Grammaire française du P. Pa- | | Fénelon (TÉLÉMAQUE). . . . . . | 1 40 |
| caud . . . . . . . . . . . . | 1 40 | — (DIALOGUES ET FABLES). . | 1 15 |

### AUTEURS LATINS

| | | | |
|---|---|---|---|
| Epitome Historiæ sacræ. . . . | » 60 | M. Tulii Ciceronis pro Q. Liga- | |
| De Viris illustribus urbis Romæ. | 1 » | rio Oratio. . . . . . . . . . | » 50 |
| Publii Virgilii Maronis opera. | 1 60 | Cicéron (PLAIDOYER POUR Q. LI- | |
| Conciones et Orationes. . . . | 1 40 | GARIUS), traduction française . | » 50 |
| Phædri Fabularum libri V, | | Salluste. . . . . . . . . . . | 1 15 |
| QUIBUS ACCESSERUNT SELECTÆ | | Horace. . . . . . . . . . . . | 1 40 |
| P. Desbillons Fabulæ . . . . | » 60 | Ovide (SELECTA POETICA) . . . . | 1 40 |
| Cornelius Nepos. . . . . . . | » 75 | Tacite. . . . . . . . . . . . | 2 30 |
| Cicéron (classe de seconde). . | 1 20 | César (COMMENTAIRES). . . . . . | 1 40 |
| — (classe de quatrième) . | 1 » | M. Tullii Ciceronis pro L. Mu- | |
| — (classe de cinquième). . | » 70 | rena oratio. . . . . . . . . | 1 » |
| — (classe de sixième) . . | » 55 | | |

### AUTEURS GRECS

| | | | |
|---|---|---|---|
| Ésope. . . . . . . . . . . . | » 80 | Lucien . . . . . . . . . . . | » 80 |
| Saint Luc . . . . . . . . . . | 1 20 | Xénophon. . . . . . . . . . . | » 80 |
| Extraits des Pères grecs. . . | 1 30 | | |

REMISE DE 25 % ET TREIZIÈME

———

### *DICTIONNAIRE* (Voir page 118)

# LIVRES CLASSIQUES
# A L'USAGE DES ÉCOLES

PAR

## LES FRÈRES DES ÉCOLES CHRÉTIENNES

Il est accordé à MM. les libraires une remise de 20 % sur les prix des classiques ci-dessous pris par unité ; et de 25 % par 50 exemplaires d'un même ouvrage ou pour un chiffre de 140 francs, prix fort.

# ENSEIGNEMENT SECONDAIRE MODERNE

ET

## ENSEIGNEMENT PRIMAIRE SUPÉRIEUR

## RELIGION

Nos

229 — **COURS ÉLÉMENTAIRE DE PHILOSOPHIE CHRÉTIENNE ;** in-12, broché. . . . . . . . . . . . . . . . . . . . . . . . . . . 2 70

225 — **COURS DE PHILOSOPHIE,** programme du baccalauréat lettres-philosophie. Ouvrage approuvé par LL. EE. les cardinaux de Bordeaux, de Rodez, de Reims, par Mgr l'archevêque de Lyon et par Mgr l'évêque de Tarentaise. In-8° de 900 pages . . . . . 6 »

226 — **ÉLÉMENTS DE PHILOSOPHIE,** comprenant la philosophie scientifique et la philosophie morale (programme des baccalauréats lettres-mathématiques et lettres-sciences), in-8°. Cet ouvrage est extrait du précédent et suivi de tableaux analytiques. 3 90

227 — **RÉSUMÉS DE LEÇONS DE PHILOSOPHIE** sous forme de tableaux analytiques (programmes des divers baccalauréats). Cet ouvrage est extrait du Cours de Philosophie in-8° . . . . . 1 80

228 — **PRÉCIS DE PHILOSOPHIE ÉLÉMENTAIRE,** en rapport avec les programmes du brevet supérieur, des baccalauréats lettres-mathématiques et lettres-sciences. In-12. Édition refondue des Éléments de logique et de morale. . . . . . . . . . . . . . . . 1 80

# MATHÉMATIQUES

Les Frères des Écoles chrétiennes publient un **Cours de Mathématiques élémentaires** répondant aux programmes de l'enseignement primaire supérieur, de l'enseignement secondaire moderne, du baccalauréat ès sciences et du diplôme de fin d'études.

Ce Cours sera très utile aux jeunes gens qui se disposent aux diverses fonctions agricoles, industrielles, commerciales ou administratives, telles que la Perception, les Contributions, les Postes, la Télégraphie; les professions d'Instituteur, de Géomètre-Arpenteur, d'Agent-Voyer, de Conducteur des Ponts et Chaussées; les écoles d'Agriculture, des Arts et Métiers et des Mines; l'école centrale des Arts et Manufactures; les écoles vétérinaires, etc.

Rédigés et discutés par des hommes éminemment pratiques, les ouvrages de ce Cours conviennent particulièrement aux établissements, soit primaires, soit secondaires, où se font des études sérieuses.

### Beaux volumes, format in-12.

CARTONNAGE, DOS EN PERCALINE GAUFRÉE, TITRE DORÉ

Nos

260 — **ÉLÉMENTS D'ARITHMÉTIQUE.** Nouvelle édition, revue. . . .    2    15

261 — **EXERCICES D'ARITHMÉTIQUE (LIVRE DU MAITRE).** Nouvelle édition, revue. . . . . . . . . . . . . . . . . . . . . .    4    80

262 — **ÉLÉMENTS D'ALGÈBRE.** Nouvelle édition. . . . . . . . . . .    3    »

263 — **EXERCICES D'ALGÈBRE (LIVRE DU MAITRE).** . . . . . . . .    10    25

264 — **COURS D'ALGÈBRE ÉLÉMENTAIRE**; in-8° cart. toile. . . . .    4    50

265 — **ÉLÉMENTS DE GÉOMÉTRIE.** Nouvelle édition, augmentée d'un complément sur le déplacement des figures, in-12. . . . . . .    3    60

266 bis. **COMPLÉMENTS AUX ÉLÉMENTS DE GÉOMÉTRIE.** . . . . . .    »    30

267 — **EXERCICES DE GÉOMÉTRIE (LIVRE DU MAITRE)**; gros vol. in-12, considérablement augmenté. . . . . . . . . . . . . . .    13    75

268 — **ARPENTAGE, LEVÉ DES PLANS ET NIVELLEMENT**; in-12. . .    4    20

269 — **ÉLÉMENTS DE TRIGONOMÉTRIE RECTILIGNE**; in-12. . . .    2    10

270 — **COMPLÉMENTS DE TRIGONOMÉTRIE.** . . . . . . . . . . . .    9    »

271 — **ÉLÉMENTS DE GÉOMÉTRIE DESCRIPTIVE.** . . . . . . . . .    3    30

272 — **EXERCICES DE GÉOMÉTRIE DESCRIPTIVE (LIVRE DU MAITRE)**; in-8°. . . . . . . . . . . . . . . . . . . . . . .    12    »

273 — **ÉLÉMENTS DE COSMOGRAPHIE**; in-12. . . . . . . . . . . .    3    »

274 — **ÉLÉMENTS DE MÉCANIQUE**; in-12. . . . . . . . . . . . . .    3    60

275 — **EXERCICES DE MÉCANIQUE (LIVRE DU MAITRE).** Nouvelle édition. . . . . . . . . . . . . . . . . . . . . . . . . . . .    7    20

276 — **TABLES DE LOGARITHMES** à cinq décimales des 10 000 premiers nombres, et des lignes trigonométriques de minute en minute. . . . . . . . . . . . . . . . . . . . . . . . . . . .    1    80

# LANGUE FRANÇAISE

232 — **GRAMMAIRE DE LA LANGUE FRANÇAISE**, pour les classes d'enseignement primaire supérieur et d'enseignement secondaire moderne. In-12. . . . . . . . . . . . . . . . . . . . .    3    60

233 — **LEÇONS DE LANGUE FRANÇAISE.** — Cours complémentaire *(ancien cours supérieur)*. In-12. . . . . . . . . . . . . . .    1    70

234 — **LE MÊME (LIVRE DU MAITRE).** In-12. Nouvelle édition. . .    6    »

235 — **COURS DE LITTÉRATURE.** In-12. . . . . . . . . . . . . . .    3    60

236 — **COURS ABRÉGÉ DE LITTÉRATURE**; in-12 . . . . . . . . . .    1    50

N<sup>os</sup>

237 — **PRÉCIS D'HISTOIRE LITTÉRAIRE**, à l'usage des aspirants au baccalauréat moderne et au brevet supérieur; in-12. Nouvelle édition, revue. . . . . . . . . . . . . . . . . . . . . . . . . . . . . .    2   40

238 — **RECUEIL DE COMPOSITIONS FRANÇAISES** : plans et développements précédés de conseils, à l'usage de l'enseignement secondaire moderne et de l'enseignement primaire supérieur.
   Livre de l'élève, in-8° de 176 pages. . . . . . . . . . . . .   2   10
238 *bis*. Livre du professeur, in-8° de 455 pages . . . . . . . . . . .   4   20

239 — **MORCEAUX CHOISIS TRADUITS DES LITTÉRATURES ÉTRANGÈRES ANCIENNES ET MODERNES**, avec notices biographiques, notes littéraires et sommaires (Choix des pages les plus belles et les plus morales des auteurs grecs, latins, italiens, espagnols, anglais, allemands et russes, augmenté d'un appendice spécialement consacré à l'éloquence et à la littérature chrétienne), in-16. . . . . . . . . . . . . . . . . . . . .   2   65

401 — **DICTIONNAIRE** (Voir page 118).

# GÉOGRAPHIE

245 — **SUPPLÉMENT AU COURS SUPÉRIEUR DE GÉOGRAPHIE** pour l'enseignement secondaire moderne. In-18 jésus, broché.   »   75
   Ce supplément est rédigé conformément au programme officiel du 15 juin 1891 de la classe de seconde de l'Enseignement secondaire moderne.

246 — **GÉOGRAPHIE DE LA FRANCE**, cours spécial; in-12, avec cartes.   1   90

247 — **LA FRANCE ILLUSTRÉE**; in-8°, avec cartes, gravures et notes explicatives. . . . . . . . . . . . . . . . . . . . . . . . . .   5   10

249 — **LES COLONIES FRANÇAISES ILLUSTRÉES**. Un fort vol. in-8°.   2   70

248 — **GÉOGRAPHIE DES COLONIES FRANÇAISES**. Un vol. in-12.   1   05

252 — **ATLAS [D]** (in-4°), de 100 cartes, à l'usage de l'enseignement secondaire. — Contenant en 27 feuilles doubles imprimées recto-verso : Cosmographie et étude du Globe (45 fig.) — Sept planisphères et les pôles. — Europe hypsométrique. — Sept Europes : géologique, politique, etc. — France hypsométrique, géologique, littoral, schéma des montagnes. — France par bassins (3 cartes). — France administrative, militaire, etc. (8 cartes). — France industrielle (13 cartes). France chemins de fer (4 cartes). — Fragment de la carte de l'état-major au $\frac{1}{80000}$. Paris et les grandes villes (8 pages). France historique. — Palestine (5 cartes).
   Cartes doubles (physique et politique) des États européens, Iles Britanniques, Pays-Bas, Belgique, Allemagne, Autriche-Hongrie, Suisse, Espagne, Italie, Péninsule des Balkans, Danemark, Suède-Norvège, Russie. — Asie physique et politique (5 cartes). — Turquie d'Asie, Indes, Indo-Chine. — Afrique physique et politique (6 cartes). — Algérie, Soudan, Congo, Madagascar. — Amérique (12 cartes), Amérique du Nord, États-Unis. — Amérique du Sud, Antilles, Brésil, etc. — Océanie, Malaisie, Australie, etc.. . . . . . . . . . . . . . .   5   10

                         COURS PRÉPARATOIRE

253 — **ATLAS [E] (in-4°), de 150 cartes, à l'usage de l'enseignement
      secondaire**, contenant, outre les 100 cartes précédentes,
      50 planches pour servir à l'étude de l'histoire ancienne, romaine,
      du moyen âge, moderne et de France. — Monde connu des
      Anciens. — Palestine. — Égypte. — Asie Mineure. — Grèce.
      — Empire des Perses. — Empire d'Alexandre. — Le Latium
      et Rome ancienne. — Italie ancienne. Gaule romaine. — Con-
      quêtes romaines. — Empire romain. — Invasion des Barbares.
      — Les Arabes et les Mongols. — Périodes mérovingienne et
      carlovingienne. — Empire de Charlemagne. — Les croisades.
      — Europe au xiv<sup>e</sup> et xv<sup>e</sup> siècles, la guerre de Cent ans. — Em-
      pire de Charles-Quint. — Empire d'Allemagne. — Époque de
      Louis XV. — Europe au xviii<sup>e</sup> siècle. — Colonies européennes.
      — Empire de Napoléon. — Haute Italie, Belgique et Allemagne.
      — Europe en 1815. — Europe sous Napoléon III. — Posses-
      sions européennes. — France historique générale et 67 cartes
      analytiques . . . . . . . . . . . . . . . . . . . . . . . . . .     7   20

> Il serait impossible de trouver dans le commerce des Atlas de même
> prix, et donnant autant de matériaux appropriés à l'enseignement.

## SCIENCES PHYSIQUES ET NATURELLES

200 — **NOTIONS D'HISTOIRE NATURELLE**, Zoologie, botanique, géo-
      logie. (476 figures); in-12. . . . . . . . . . . . . . . . . .     3   »
282 — **ÉLÉMENTS D'HISTOIRE NATURELLE :**
      **Zoologie, Botanique abrégée, Géologie.** Nouvelle édition.
      In-18 jésus. . . . . . . . . . . . . . . . . . . . . . . . .     3   60
283 — Géologie. 165 figures. . . . . . . . . . . . . . . . . . . .     1   50
284 — Botanique. 484 figures. (**LIVRE DU MAITRE**). . . . . . . .     4   80

      **PHYSIQUE ET CHIMIE**, conformes au programme de l'Ensei-
      gnement moderne. In-8° (*en préparation*). . . . . . . . . .     »   »

## TENUE DES LIVRES

286 — **ÉLÉMENTS DE COMPTABILITÉ.** In-12. . . . . . . . . . . . .     2   05
287 — **EXERCICES DE COMPTABILITÉ (LIVRE DU MAITRE)**, in-12.     4   80

# ENSEIGNEMENT PRIMAIRE

## LECTURE

5 — **SYLLABAIRE,** ou premiers Exercices de lecture en rapport avec la
    Méthode d'Écriture des Frères des Écoles chrétiennes. in-18. .     »   20
> Pour que les Leçons sur le Syllabaire soient profitables, il est utile
> qu'elles aient été préparées à l'aide du *Livre-Tableau*.

6 — **NOUVEAU SYLLABAIRE,** en rapport avec le Livre-Tableau,
    méthode de lecture basée sur le jeu des organes vocaux. In-16.     »   35

Nᵒˢ

2 — **LIVRE-TABLEAU** ou Leçons combinées de lecture, d'écriture et de calcul; grand volume de 52 sur 65 centimètres, comprenant 36 tableaux tirés sur bristol, ornés de 25 photographies montrant la position des organes et l'aspect de la physionomie au moment de l'articulation. Nouv. édition avec pupitre . . . . .   42   »
*Emballage en caisse* . . . . . . . . . . . . . . .   2   50

7 — **MÉTHODOLOGIE DU LIVRE-TABLEAU ET DU SYLLABAIRE**, ou Leçons combinées de lecture et d'écriture, à l'usage des Frères des Ecoles chrétiennes; in-18. Nouv. édit. *En préparation.*

8 — **PREMIER LIVRE DE LECTURE**, faisant suite au Syllabaire des Frères des Ecoles chrétiennes, publié avec permission de l'autorité ecclésiastique. In-18. . . . . . . . . . . .   »   35

9 — **SYLLABAIRE ET PREMIER LIVRE DE LECTURE** réunis; in-18.   »   45

### COURS ÉLÉMENTAIRE

10 — **LECTURES COURANTES**, Cours élémentaire; in-12. . . . .   »   60

11 — **LES MÊMES**, suivies du Cours élémentaire d'Orthographe mentionné page 110. . . . . . . . . . . . . . . . .   1   »

12 — **VIE DE N.-S. JÉSUS-CHRIST** (ABRÉGÉ DE LA), suivi des Prières de la Messe, des Évangiles et des Vêpres de tous les Dimanches et Fêtes de l'année; in-18. . . . . . . . . . . . .   »   80

### COURS MOYEN

13 — **LECTURES COURANTES (COURS MOYEN)**; in-12. . . . . .   1   55

### COURS MOYEN ET SUPÉRIEUR

14 — **NOUVEAU TRAITÉ DES DEVOIRS DU CHRÉTIEN** envers Dieu, dans lequel chaque chapitre et chaque article sont suivis de traits historiques analogues aux vérités qui y sont traitées. L'ouvrage est complété par les Règles de la bienséance et de la civilité chrétienne. In-12. . . . . . . . . . . . .   1   15

15 — **LECTURES INSTRUCTIVES ET AMUSANTES**, sur diverses inventions et découvertes, autographiées pour exercer à la lecture des manuscrits, contenant plus de 50 sortes d'écriture gravées sur cuivre. In-12. . . . . . . . . . . . .   »   60

16 — **LES MÊMES (LIVRE DU MAITRE)**, avec le texte en caractères d'imprimerie en regard. In-12. . . . . . . . . . . .   1   20

17 — **ENSEIGNEMENT CIVIQUE**; in-12 . . . . . . . . . . .   »   90
Cet ouvrage est inscrit dans la liste des Manuels approuvés pour les Écoles publiques par le ministre de l'instruction publique. (Circulaire du 17 novembre 1883.)

18 — **L'ENFANT BIEN ÉLEVÉ**, ou Pratique de la civilité chrétienne. In-12. . . . . . . . . . . . . . . . . . . . .   »   75

### MATÉRIEL — ENSEIGNEMENT

1104 — **TABLEAUX-SENTENCES**, à l'usage des Frères; 6 fᵉˢ in-plano.   2   40

3 — **TABLEAUX DE LECTURE**; 4 feuilles in-plano . . . . . . .   1   10

N°s

# ÉCRITURE

**ALBUM DE MODÈLES** (*en préparation*). . . . . . . . . . . .    »    »

465 — **COLLECTION DE 32 MODÈLES** gravés, in-4°, comme développe-
pement des exercices précédents. Plusieurs modèles présentent
des formules de billets, de factures, etc. Chaque modèle. . . .    »    10
— *La Collection reliée*. . . . . . . . . . . . . . . . . . . . .    3    25

# RELIGION

## HISTOIRE SAINTE

### COURS PRÉPARATOIRE

24 — **MANUEL DES COMMENÇANTS** pour le Cours élémentaire ;
contenant des notions d'Histoire sainte, de Langue française, de
Calcul, de Système métrique, d'Histoire de France, de Géographie, des Exercices de mémoire ; in-18 . . . . . . . . . . . .    »    75

23 — **PETIT QUESTIONNAIRE** sur l'Histoire sainte, la Langue française, le Calcul et le Système métrique, l'Histoire de France et
la Géographie ; in-18. . . . . . . . . . . . . . . . . . . . . .    »    35
**ABRÉGÉ DE L'HISTOIRE SAINTE** (voir page 120).

### COURS ÉLÉMENTAIRE

27 — **PETITE HISTOIRE SAINTE**, comprenant les faits principaux
de l'histoire du peuple de Dieu ; in-18 . . . . . . . . . . . .    »    35

    Ce livre, approuvé par Mgr l'Archevêque de Tours, est en rapport
avec l'âge et l'intelligence des jeunes enfants. C'est un simple récit de
la création, des faits les plus intéressants des premiers temps du
monde, et de l'histoire du peuple de Dieu.

### COURS MOYEN

31 — **COURS MOYEN D'HISTOIRE SAINTE** pour l'enseignement primaire ; in-16. . . . . . . . . . . . . . . . . . . . . . . . . .    »    75

### COURS SUPÉRIEUR

32 — **COURS SUPÉRIEUR D'HISTOIRE SAINTE** ; in-12. . . . . . .    1    15

# LIVRES D'ÉGLISE

41 — **MANUEL DE PIÉTÉ** (n° 112). à l'usage de la jeunesse ; approuvé
par Mgr l'archevêque de Tours. In-32. Cart. toile noire, tranche
jaspée. . . . . . . . . . . . . . . . . . . . . . . . . . . . . .    1    50

42 — **PRIÈRES ET CANTIQUES** à l'usage de la jeunesse. In-18. Reliure toile noire, tranche jaspée. . . . . . . . . . . . . . . .    »    90

# CANTIQUES

## 2ᵉ SÉRIE (Nouvelle).

Nᵒˢ

47 — **RECUEIL DE CANTIQUES** anciens et nouveaux, avec double accompagnement pour chaque cantique; ouvrage suivi de motets usuels et faciles; un vol. in-4°, demi-rel., plats en toile.    24  »

48 — **LE MÊME**, avec accompagnement simplifié; 1 vol. in-4°. . . .    7  20

49 — **LE MÊME**, paroles et chant; in-18. . . . . . . . . . . . . . .    1  80

50 — **LE MÊME**, paroles seules; in-18. . . . . . . . . . . . . . .    »  90

51 — **LE MÊME**, abrégé, paroles seules; in-18. . . . . . . . . . . .    »  35

## 1ʳᵉ SÉRIE (Ancienne).

54 — **CHANTS PIEUX**, ou Choix de Cantiques en rapport avec l'esprit de l'Église, dans la célébration des Dimanches et des Fêtes, et le Mois de Marie; in-18 (texte). . . . . . . . . . . . . . . . . .    »  80

55 — **LE MÊME LIVRE** (avec les airs notés). . . . . . . . . . . . .    1  70

**CANTIQUES DE SAINT-SULPICE**, 1 vol. in-18. (Voir page 120).

---

# INSTRUCTION RELIGIEUSE

(Voir les prix, page 120).

**BIBLE DE ROYAUMONT**, à l'usage des Écoles; 1 volume in-12; édition approuvée par S. Ém. le Cardinal Archevêque de Paris.

**CATÉCHISME HISTORIQUE**, abrégé, par Fleury; 1 vol. in-18; édition approuvée par S. Ém. le Cardinal Archevêque de Paris.

**DOCTRINE CHRÉTIENNE**, par Lhomond; 1 vol. in-12; édition approuvée par S. Ém. le Cardinal Archevêque de Paris.

**ÉPITRES ET ÉVANGILES**, à l'usage des Écoles chrétiennes; 1 vol. in-18; édition approuvée par S. Ém. le Cardinal Archevêque de Paris.

**HISTOIRE ABRÉGÉE DE L'ANCIEN TESTAMENT**, avec celle de la vie de N.-S. J.-C.; 1 vol. in-12; édit. approuvée par S. Ém. le Cardinal Archevêque de Paris.

**HISTOIRE DE LA RELIGION**, par Lhomond; 1 vol. in-12; édition approuvée par S. Ém. le Cardinal Archevêque de Paris.

**HISTOIRE DE L'ÉGLISE**, par Lhomond; 1 vol. in-12; édition approuvée par Son Ém. le Cardinal Archevêque de Paris.

**MORALE EN ACTION**, ou Choix d'anecdotes instructives; 1 vol. in-12; édition approuvée par S. Ém. le Cardinal Archevêque de Paris.

43 — **PSAUTIER DE DAVID**, à l'usage des Écoles chrétiennes; 1 vol. in-18; édition approuvée par S. Ém. le Cardinal Archevêque de Paris.

# LANGUE FRANÇAISE

## GRAMMAIRE — ORTHOGRAPHE — RÉDACTION

### 2ᵉ SÉRIE (Nouvelle).

Nᵒˢ                                     COURS ÉLÉMENTAIRE

60 — **GRAMMAIRE ÉLÉMENTAIRE DE LA LANGUE FRANÇAISE;**
In-18. . . . . . . . . . . . . . . . . . . . . . . . . . . . . .     »  40

62 — **LEÇONS DE LANGUE FRANÇAISE**, — Cours élémentaire
(ancien cours préparatoire). Ce volume comprend :
    1º Des notions de grammaire française;
    2º Des exercices d'orthographe;
    3º Des exercices de phraséologie;
    4º Des exercices élémentaires d'analyse grammaticale;
    5º Des exercices élémentaires de rédaction;
    6º Un recueil de morceaux choisis.
    1 volume in-12. . . . . . . . . . . . . . . . . . . . . . .     »  90

63 — **LE MÊME (LIVRE DU MAITRE). In-12** . . . . . . . . . . . .     2  40

COURS MOYEN

64 — **GRAMMAIRE ABRÉGÉE DE LA LANGUE FRANÇAISE. In-12.**     1  50

65 — **LEÇONS DE LANGUE FRANÇAISE**, — Cours moyen (ancien
cours élémentaire). Ce volume comprend :
    1º Un abrégé de grammaire française;
    2º Des exercices orthographiques;
    3º Des exercices de phraséologie;
    4º Des exercices de rédaction;
    5º Des exercices d'analyse grammaticale;
    6º Un recueil de morceaux choisis.
    1 volume in-12 . . . . . . . . . . . . . . . . . . . . . . .     1  20

66 — **LE MÊME (LIVRE DU MAITRE); in-12.** . . . . . . . . . . . .     3   »

COURS SUPÉRIEUR

70 — **COURS DE LANGUE FRANÇAISE**, — Cours supérieur (ancien
cours moyen). Ce volume comprend :
    1º Une grammaire française avec la syntaxe;
    2º Des exercices orthographiques;
    3º Des exercices de dérivation et de phraséologie;
    4º Des exercices de rédaction;
    5º Des exercices d'analyse grammaticale et logique;
    6º Un recueil de morceaux choisis.
    1 volume in-12 . . . . . . . . . . . . . . . . . . . . . . .     2  10

71 — **LE MÊME (LIVRE DU MAITRE). In-12.** . . . . . . . . . . . .     6   »

101 — **DICTIONNAIRE** (Voir page 118.)

## 1<sup>re</sup> SÉRIE (Ancienne).

N<sup>os</sup>

### COURS ÉLÉMENTAIRE

75 — **ABRÉGÉ DE GRAMMAIRE FRANÇAISE, ou** Extrait de la grammaire française; **in-18** . . . . . . . . . . . . . . . . . . . . . . . »  35

76 — **COURS ÉLÉMENTAIRE D'ORTHOGRAPHE, ou** Dictées et Exercices préparatoires au Cours intermédiaire ou de première année; in-12 . . . . . . . . . . . . . . . . . . . . . . . »  45

11 — **LE MÊME,** précédé des Lectures courantes mentionnées p. 106.   1  »

78 — **COURS INTERMÉDIAIRE D'ORTHOGRAPHE, ou** Dictées et Exercices en rapport avec l'Ext. de la Grammaire française; in-12 . . .   »  90

79 — **LE MÊME (LIVRE DU MAITRE); in-12.** . . . . . . . . . . . .   1  90

### COURS MOYEN

84 — **EXERCICES ORTHOGRAPHIQUES, — Cours de 1<sup>re</sup> année,** précédé de l'Extrait de la Grammaire et suivi d'un petit Dictionnaire; in-12. . . . . . . . . . . . . . . . . . . . . . . . . .   1  20

85 — **LE MÊME OUVRAGE (LIVRE DU MAITRE). In-12.** . . . . . . .   2  40

### COURS MOYEN ET SUPÉRIEUR

90 — **GRAMMAIRE FRANÇAISE, Cours moyen et Cours supérieur.** In-12. . . . . . . . . . . . . . . . . . . . . . . . . . . . .   »  90

91 — **LA MÊME,** avec l'abrégé pour les commençants . . . . . . . .   1  05

92 — **COURS D'ANALYSE GRAMMATICALE ET LOGIQUE. In-12.** .   »  35

93 — **LE MÊME (LIVRE DU MAITRE). In-12.** . . . . . . . . . . .   1  80

94 — **PETIT DICTIONNAIRE ou Lexique orthographique,** mis en rapport avec la dernière édition du Dictionnaire de l'Académie; in-12, 144 pages . . . . . . . . . . . . . . . . . . . . . . .   »  80

### COURS SUPÉRIEUR

97 — **EXERCICES ORTHOGRAPHIQUES, — Cours de 2<sup>e</sup> et de** 3<sup>e</sup> année; in-12 . . . . . . . . . . . . . . . . . . . . . . . .   1  20

98 — **LE MÊME OUVRAGE (LIVRE DU MAITRE); in-12. Nouv. édit.**   3  60

# MATHÉMATIQUES

## ARITHMÉTIQUE

## 2<sup>e</sup> SÉRIE (Nouvelle).

### COURS ÉLÉMENTAIRE

150 — **COURS ÉLÉMENTAIRE D'ARITHMÉTIQUE; in-18.** . . . . . .   »  60

151 — **LE MÊME (LIVRE DU MAITRE); in-12** . . . . . . . . . . .   1  50

### COURS MOYEN

153 — **COURS MOYEN D'ARITHMÉTIQUE; in-16.** . . . . . . . . . . .   1  20

154 — **LE MÊME (LIVRE DU MAITRE); in-12** . . . . . . . . . . . .   3  60

Nᵒˢ

## COURS SUPÉRIEUR

156 — **COURS SUPÉRIEUR D'ARITHMÉTIQUE**; in-12, avec table des
Logarithmes. . . . . . . . . . . . . . . . . . . . . . . .   1  80

157 — **LE MÊME OUVRAGE (LIVRE DU MAITRE)**. In-12 Nouvelle
édition, revue. . . . . . . . . . . . . . . . . . .   4  20

## MATÉRIEL

**TABLEAU DU SYSTÈME MÉTRIQUE.**
1241 —   2 m. × 1 m. 75. . . . . . . . . . . . . . . . . . .   24  »
1243 —   1 m. 30 × 1 m. 10. . . . . . . . . . . . . . . . .   14  40

## 1ʳᵉ SÉRIE (Ancienne),

### COURS ÉLÉMENTAIRE

158 — **PETITE ARITHMÉTIQUE**, ou les quatre Règles; in-18. . . . .   »  25

159 — **ABRÉGÉ D'ARITHMÉTIQUE DÉCIMALE**, ou Extrait du nouveau
traité d'arithmétique décimale et du système métrique; in-18.   »  35

161 — **EXERCICES DE CALCUL** sur les quatre opérations fondamentales
de l'arithmétique; in-18. . . . . . . . . . . . . . . . .   »  35

162 — **LES MÊMES**, avec réponses en regard (**LIVRE DU MAITRE**).   »  80

### COURS MOYEN

173 — **PETITE ARITHMÉTIQUE, SYSTÈME MÉTRIQUE ET LES
FRACTIONS**; in-18. . . . . . . . . . . . . . . . . . .   »  85

174 — **PETITE ARITHMÉTIQUE**, — Système métrique, — Exercices de
calcul, — Problèmes; réunis. . . . . . . . . . . . . . . .   1  20

169 *bis*. **ABRÉGÉ D'ARITHMÉTIQUE DÉCIMALE**, Calculs et Problèmes
réunis. In-18. . . . . . . . . . . . . . . . . . . . .   »  95

172 *bis*. **PETIT SYSTÈME MÉTRIQUE**; in-18. . . . . . . . . . . . .   »  35

172 — **LE MÊME OUVRAGE (LIVRE DU MAITRE)**; in-18. . . . . . .   »  75

160 — **PETIT SYSTÈME MÉTRIQUE**, précédé de la **PETITE
ARITHMÉTIQUE**; in-18. . . . . . . . . . . . . . . . .   »  55

170 — **LES FRACTIONS ET LES PROBLÈMES RÉSOLUS PAR
L'UNITÉ**; in-18. . . . . . . . . . . . . . . . . . .   »  35

171 — **LE MÊME (LIVRE DU MAITRE)**; in-12. . . . . . . . . . .   1  20

166 — **RECUEIL DE PROBLÈMES** sur les quatre premières règles; in-18.   »  35

167 — **LE MÊME**, avec réponses en regard (**LIVRE DU MAITRE**). . .   »  80

> Ces problèmes sont d'une extrême simplicité et permettent d'exer-
> cer les enfants au calcul mental. Ce petit ouvrage est le complément
> indispensable des Exercices de calcul.

168 — **EXERCICES DE CALCUL ET RECUEIL DE PROBLÈMES**
réunis; in-18. . . . . . . . . . . . . . . . . . .   »  65

169 — **EXERCICES DE CALCUL ET RECUEIL DE PROBLÈMES**
réunis (**LIVRE DU MAITRE**); in-18. . . . . . . . . . . . .   1  55

# GÉOMÉTRIE

### COURS ÉLÉMENTAIRE



### COURS MOYEN



### COURS SUPÉRIEUR

# HISTOIRE

### COURS PRÉPARATOIRE

N°⁵

102 — **NOUVEAU COURS PRÉPARATOIRE D'HISTOIRE DE FRANCE** avec nombreuses illustrations. . . . . . . . . . . . . . . . . .   » 60

### COURS ÉLÉMENTAIRE

110 — **PETITE HISTOIRE DE FRANCE**; in-18. . . . . . . . . . .   » 40

111 — **PETITE HISTOIRE SAINTE ET COURS ÉLÉMENTAIRE D'HISTOIRE DE FRANCE** réunis; 1 vol. in-18. . . . . . . . .   » 75

103 — **NOUVEAU COURS ÉLÉMENTAIRE D'HISTOIRE DE FRANCE** avec nombreuses illustrations . . . . . . . . . . . . . . . .   » 95

### COURS MOYEN

113 — **COURS MOYEN D'HISTOIRE DE FRANCE**. In-16 (324 pages).   1 20

104 — *En préparation :* **NOUVEAU COURS MOYEN D'HISTOIRE DE FRANCE** avec illustrations. . . . . . . . . . . . . . . . . .

### COURS MOYEN ET SUPÉRIEUR

114 — **CHRONOLOGIE DE L'HISTOIRE DE FRANCE**; in-12; excellent résumé propre à faciliter les réponses aux questions posées pour le brevet de capacité. (Voir page 105, atlas F, contenant 12 planches (67 cartes) pour l'étude de l'histoire de France.) .   » 75

### COURS SUPÉRIEUR

115 — **COURS COMPLET D'HISTOIRE**, contenant l'Histoire sainte divisée en huit époques, l'Histoire de France suivie de quelques notions sur les anciens et les nouveaux peuples; gros vol. in-12. .   1 50

105 — **NOUVEAU COURS SUPÉRIEUR D'HISTOIRE DE FRANCE** avec illustrations. *Sous presse.*

---

# GÉOGRAPHIE

Nota. — L'Institut des Frères des Écoles chrétiennes a obtenu, pour ses publications géographiques, de nombreuses récompenses, entre autres : médaille de 1re classe à Vienne, en 1873; médaille de 1re classe au Congrès international de géographie à Paris, en 1875; médaille d'or à l'exposition universelle de Paris, 1878; médailles et diplômes de 1re classe à Lyon, 1880, à Bruxelles, 1882, à Rio-de-Janeiro (Brésil), 1884; diplôme d'honneur et médaille de 1re classe au Congrès de Toulouse, 1884; médaille d'or et diplôme d'honneur à Londres, 1884; médaille d'or à Anvers, 1884; diplôme d'honneur à la Nouvelle-Orléans, 1885; diplôme hors concours (*membre du jury*), et diplôme d'honneur à Bruxelles, 1888.

## 2ᵉ SÉRIE (Nouvelle).

### COURS PRÉPARATOIRE

125 — **GÉOGRAPHIE-ATLAS DU COURS PRÉPARATOIRE.** . . . . . .   » 75
Cet ouvrage comprend, en 32 pages : 16 cartes coloriées, 100 vignettes et gravures, 20 pages de texte. (Voir, comme partie du maître, celle du Cours élémentaire.)

### COURS ÉLÉMENTAIRE

127 — **GÉOGRAPHIE-ATLAS DU COURS ÉLÉMENTAIRE.** Texte, cartes et devoirs. In-4°. Nouvelle édition . . . . . . . . . . . . .   » 95

128 — **LE MÊME OUVRAGE (MAITRE).** In-4°. Nouvelle édition. . .   1 80
Cet ouvrage comprend, en 32 pages in-4° : 14 planches dont 8 color., 110 vign. et grav., 17 pages de texte avec des Lectures et 115 devoirs.

Nᵒˢ                              **COURS MOYEN**

130 — **GÉOGRAPHIE-ATLAS DU COURS MOYEN**. In-4° cartonné . .    1   80
> Cet ouvrage comprend en 54 cartes in-4° : 32 cartes et cartons coloriés,
> 120 vignettes et gravures, 40 pages environ de texte et 150 devoirs.

131 — **LE MÊME OUVRAGE** (MAITRE), contenant, outre le livre de
l'élève, les solutions des devoirs qu'il renferme. In-4° cartonné.    3   60

**COURS SUPÉRIEUR**

133 — **GÉOGRAPHIE-ATLAS DU COURS SUPÉRIEUR**, in-4°. . . .    4   20
> Cet ouvrage comprend 210 cartes ou figures et 160 pages de texte.

### 1ʳᵉ SÉRIE (Ancienne).

**COURS ÉLÉMENTAIRE**

137 — **COURS ÉLÉMENTAIRE DE GÉOGRAPHIE**, in-18. . . . . . .    »   40
> Le *Cours élémentaire* contient 10 cartes et 60 fig., reproduisant les
> détails du texte. Les cartes qu'il renferme peuvent dispenser d'un atlas.
> En tête de ce petit manuel on a mis des exercices de géographie locale.
>
> *Ce cours correspond à l'atlas A. ci-dessous.*

138 — **PETITE GÉOGRAPHIE**, ou Extrait de la Géographie physique,
commerciale et historique. In-18. . . . . . . . . . . . . . .    »   35
> Cette petite géographie renferme des définitions générales qui se
> recommandent par leur exactitude et leur extrême simplicité, et donne,
> principalement au point de vue physique, des notions suffisantes sur les
> cinq parties du monde, et en particulier sur l'Europe et sur la France.

136 — **MÉTHODOLOGIE DE GÉOGRAPHIE**, appliquée au cours élémentaire (Manuel du maitre); in-12. . . . . . . . . . . . . . .    1   80
> Ce livre donne à la fois la théorie et la pratique de l'enseignement
> de la géographie, et renferme des questions et des réponses sur les
> diverses matières du programme, notamment sur la géographie lo-
> cale, qui est traitée selon l'esprit de la méthode recommandée.

**COURS MOYEN**

141 — **COURS MOYEN DE GÉOGRAPHIE** pour l'enseignement primaire ; in-16. . . . . . . . . . . . . . . . . . . . . . .    »   75
> Dans le *Cours moyen*, l'élève trouve le texte même qu'il a appris
> au cours inférieur, développé autant que le comporte l'âge des
> élèves auxquels il s'adresse.
>
> *Ce cours correspond à l'atlas B. ci-dessous.*

140 — *ATLAS [B] (ɪɴ-4°) de 30 cartes, pour les écoles primaires,
contenant : Éléments de cartographie. — Cosmographie, Mappemonde et Océanie. — Europe et Asie. — Afrique et Amérique.
— France par bassins. — France administrative. — France
(chemins de fer). — Palestine et voies navigables. . . . . . .    1   80

---

* Les ATLAS B et C renferment des cartes physiques, hypsométriques, donnant par des
teintes spéciales les régions du même niveau. — Ces atlas sont tous relativement complets :
ils contiennent les cartes générales des cinq parties du monde et des cartes spéciales de la
France, et sont tous en rapport avec les manuels. Les fragments de la France (*carte de
l'État-Major*) introduits dans ces Atlas ont pour but d'habituer les élèves à lire et à in-
terpréter ce remarquable travail national, qu'il importe à chacun de connaître.

Nos

## PETITES CARTES MURALES ÉCRITES.

2022 — **Mappemonde murale** avec système planétaire. (1 m. 30 sur 1 m.)
2023 — **Palestine murale** avec le voyage des Israélites et le plan de Jérusalem. (1 m. 30 sur 1 m.)
2024 — **Europe murale** avec cartons pour l'Europe par bassins et la Sphère terrestre. (1 m. 30 sur 1 m.)
2020 — **France politique** préparatoire. Coloriée par départements. (1 m. 30 sur 1 m. 10.)
2021 — **France physique** préparatoire. Coloriée hypsométriquement. (1 m. 30 sur 1 m. 10.)
2026 — **Afrique physique et politique.** (1 m. 30 sur 1 m.)
2027 — **Amérique du Nord physique et politique.** (1 m. 30 sur 1 m.)
2028 — **Amérique du Sud et Océanie** physique et politique. (1 m. 30 sur 1 m.)

*En feuille* . . . . . . . . . . . . . . . . . . . . . . . . . . 4   80
*Montée sur gorge et rouleau* . . . . . . . . . . . . . . . 9   60

2049 — **France physique et administrative**, divisée par arrondissements et indiquant les 2 871 chefs-lieux de cantons. Grande et belle *Carte manuelle* de 0 m. 60 sur 0 m. 70, *complément des grands atlas.* 1 feuille. . . . . . . . . . . . . . . . . . . »   60

**CARTES MURALES MUETTES**, chacune en une feuille coloriée, devant servir surtout pour les récitations et les examens.

2042 — **Mappemonde-planisphère**, avec les deux Hémisphères et la Terre dans l'espace.
2043 — **Palestine**, avec l'Égypte, la terre de Chanaan et le plan de Jérusalem.
2046 — **Europe politique**, avec un carton *hypsométrique* et les agrandissements ci-dessous (pour le *cours moyen*).
2047 — **Europe hypsométrique** avec carton *politique*. Belgique, Hollande, Suisse et bassin du Pô agrandis (pour le *cours supérieur*).

*Chaque carte de 1 m. 15 sur 0 m. 90. En feuille* . . . . . . . 3   »
*Montée.* . . . . . . . . . . . . . . . . . . . . . . . . . . . 7   80

**FRANCE POLITIQUE MUETTE** in-folio, pour les récapitulations. »   25
**FRANCE PHYSIQUE MUETTE** in-folio, pour les récapitulations. »   25

2035 — **France politique**, *départements* et chemins de fer, avec carton *historique* se complétant par la suivante.
2036 — **France hypsométrique**, avec les *rivières* et un carton pour les bassins.
2037 — **Asie physique et politique.** Turquie, Indo-Chine française.
2038 — **Afrique physique et politique.** Algérie, Tunisie.
2039 — **Amérique du Nord physique et politique.** États-Unis.
2040 — **Amérique du Sud et Océanie physique et politique.**

*Chaque carte de 1 m. 30 sur 1 m. En feuille.* . . . . . . . . 3   60
*Montée.* . . . . . . . . . . . . . . . . . . . . . . . . . . 9   »

## MATÉRIEL

2051 — **ROSE DES VENTS**, ou *Boussole de plafond.* Une feuille octogonale où sont représentées toutes les positions de l'aiguille aimantée pour les exercices d'orientation en classe. La position des continents est indiquée sommairement. . . . . . . . . . . . . . 1   50
*La même, collée sur toile, vernie.* . . . . . . . . . . . . . 2   15

2052 — **TABLEAU-CARTE ARDOISÉ DE LA FRANCE ET DE L'EUROPE**, imprimé recto et verso, et préparé pour dessiner à la craie les exercices cartographiques, par F. A.-M. (1 m. 15 sur 1 m. 30). 18   »
2053 — **LE MÊME**, monté avec baguettes. . . . . . . . . . . . 21   60

Plusieurs imitations ont été faites de ce travail : elles se vendent beaucoup plus cher sans rendre plus de services.

Nᵒˢ

**2056** — **PANORAMA GÉOGRAPHIQUE**, *paysage idéal, terminologique*, résumant les principaux accidents terrestres, colorié, 1 m. 40 sur 1 m. 10, monté sur toile avec gorge et rouleau . . . . .   10   80

**2060** — **RELIEF SUBMERSIBLE** (PETIT), pour la démonstration expérimentale du système des courbes de niveau appliqué à la construction des cartes hypsométriques. Objet en plâtre, peint par teintes conventionnelles, comme la carte murale, et préparé pour supporter l'immersion. L'usage en est expliqué dans la *Notice-Questionnaire sur la carte de France* . . . . . . . . .   6   »
  *Emballage en caisse* . . . . . . . . . . . . . . . . . . . . .   2   »

**2057** — **PAYSAGE EN RELIEF** résumant les principaux accidents géographiques, destiné à initier les élèves à la connaissance de la nomenclature géographique et à l'intelligence des cartes. Objet en plâtre (staff) de bel effet, de 60 sur 70 cent. de côté, peint à l'huile . . . . . . . . . . . . . . . . . . . . . . . . . . . . . .   26   50
  *Emballage en caisse* . . . . . . . . . . . . . . . . . . .   4   50

**2058** — **PAYSAGE EN RELIEF** (PETIT). Réduction du précédent. . . . .   6   »
  *Emballage en caisse* . . . . . . . . . . . . . . . . . . . . .   1   50

## SCIENCES

# PHYSIQUES ET NATURELLES

### COURS SUPÉRIEUR

**200** — **NOTIONS D'HISTOIRE NATURELLE**, avec 476 fig. In-12. . . .   3   »
**201** — **NOTIONS DE SCIENCES PHYSIQUES ET NATURELLES**, à l'usage des aspirants au brevet élémentaire (518 figures); in-12.   3   »

# TENUE DES LIVRES

### COURS SUPÉRIEUR

**202** — **COURS ÉLÉMENTAIRE DE TENUE DES LIVRES.** In-12 . . .   »   75
**203** — **LE MÊME (LIVRE DU MAITRE);** in-12 . . . . . . . . . . . .   1   80
  **CAHIERS TRACÉS POUR ÉCRIRE LES EXERCICES.** In-4º, piqué.
**531** —   Brouillard ou Main-courante . . . . . . . . . . . . . . .   »   25
**532** —   Journal . . . . . . . . . . . . . . . . . . . . . . . . .   »   25
**533** —   Grand-Livre . . . . . . . . . . . . . . . . . . . . . . .   »   35

# ADMINISTRATION SCOLAIRE

**LIVRET DE NOTES HEBDOMADAIRES.**
**1184** — **A**, destiné à recevoir seulement les notes des élèves; 16 pages in-18.   »   10
**1185** — **B**, destiné à recevoir les notes des élèves, les observations du maître et celles des parents; 32 pages in-18 . . . . . . . . .   »   15
**1176** — **REGISTRE D'APPEL A**, par classes de 30 élèves, 11 mois . . . . .   »   90
**1177** —       —       **B**,       — de 30 à 60 élèves, 11 mois . . . .   1   50
**1178** —       —       **C**,       — de 60 à 90 élèves, 11 mois . . . .   2   10

## DIVERS

**211** — *En préparation :* **LEÇONS D'HORTICULTURE**

# NOUVEAU
# DICTIONNAIRE
## UNIVERSEL ILLUSTRÉ

CONTENANT

### LANGUE FRANÇAISE — HISTOIRE, BIOGRAPHIE, GÉOGRAPHIE
### SCIENCES ET ARTS

PAR

## M<sup>gr</sup> PAUL GUÉRIN

AUTEUR DU *DICTIONNAIRE DES DICTIONNAIRES*

ET

## G. BOVIER-LAPIERRE

PROFESSEUR HONORAIRE DE L'UNIVERSITÉ, OFFICIER DE L'INSTRUCTION PUBLIQUE
MEMBRE DE LA SOCIÉTÉ DE LINGUISTIQUE DE PARIS
AUTEUR DE PLUSIEURS OUVRAGES CLASSIQUES

**866 figures**
**11 cartes dans le texte**
**24 cartes et planches en couleurs**
**44 tableaux encyclopédiques**

PAR F.-C. MENETRIER

UN VOLUME IN-18 JÉSUS DE 900 PAGES

PRIX :

| | | |
|---|---|---|
| Cartonnage classique | 2 | 75 |
| Percaline, tranche peigne | 3 | 50 |
| Demi-reliure, dos chagrin, tranche peigne | 4 | 75 |

REMISES

| | | |
|---|---|---|
| Par 13/12 | 33 % | |
| Par 108/100 | 33 % et 5 % | |

## LE MÊME OUVRAGE

*Avec supplément pour la* ***BELGIQUE***

est vendu aux mêmes prix

# PETIT DICTIONNAIRE USUEL
## DE LA LANGUE FRANÇAISE

PAR M. LESIEUR

OFFICIER DE LA LÉGION D'HONNEUR, INSPECTEUR GÉNÉRAL HONORAIRE DE L'ENSEIGNEMENT SUPÉRIEUR
ANCIEN ÉLÈVE DE L'ÉCOLE NORMALE

### ÉDITION PERLE, IN-32 RAISIN

| | | |
|---|---|---|
| Cartonné | 1 | 25 |

REMISE DE 25 % ET TREIZIÈME

# MANUEL D'ÉCONOMIE SOCIALE

## PAR JULES MICHEL

INGÉNIEUR EN CHEF, PRÉSIDENT DE LA SOCIÉTÉ D'ÉCONOMIE SOCIALE

### UN VOLUME IN-12

Broché. . . . . . . . . . . . . . . . . . . . 1 50
Cartonné, dos percaline. . . . . . . . . . . . . . 2 »

REMISE DE 25 % ET TREIZIÈME

# LA CHANSON DE ROLAND

TEXTE CRITIQUE, TRADUCTION ET COMMENTAIRE

## PAR LÉON GAUTIER

ÉDITION SPÉCIALE A L'USAGE DES CLASSES

AVEC GRAMMAIRE ET GLOSSAIRE

### UN VOLUME IN-18 JÉSUS

Broché. . . . . . . . . . . . . . . . . . . 2 75
Cartonnage, dos en percaline, titre doré. . . . . . . . . 3 »

REMISE DE 25 % ET TREIZIÈME

# FABLES DE LA FONTAINE

TRÈS JOLI VOLUME IN-18

104 sujets et frontispice gravés sur bois d'après K. Girardet.

Cartonné, couverture imprimée, dos en toile gaufrée . . . » 70
Percaline gaufrée, tranche jaspée. . . . . . . . . . . » 95
Percaline gaufrée, tranche dorée . . . . . . . . . . 1 20

PAR CENT NET : 10 c. DE REMISE

# ALPHABET ILLUSTRÉ

100 vignettes et lettres ornées, d'après K. Girardet, Grandville, Sagot,
Werner, etc.

JOLI VOLUME PETIT IN-12

Cartonné . . . . . . . . . . . . . . . . . . » 40
Riche cartonnage, couverture chromo . . . . . . . . . » 55
Le même, tranche dorée . . . . . . . . . . . . . . » 75

PAR CENT NET : 10 C. DE REMISE

# LIVRES CLASSIQUES

A L'USAGE

# DES MAISONS D'ÉDUCATION

Cartonnage, dos en toile, couverture imprimée.

**ABRÉGÉ ÉLÉMENTAIRE DE GÉOGRAPHIE ET DE SPHÉRE**, à l'usage des écoles chrétiennes et des écoles primaires . . . . . . . . . .   » 45

**ABRÉGÉ DE L'HISTOIRE SAINTE**, par demandes et par réponses; édition approuvée par S. Ém. le cardinal archevêque de Paris . . . . .   » 30

**ALPHABET CHRÉTIEN**, à l'usage des écoles chrétiennes; édition approuvée par S. Ém. le cardinal archevêque de Paris. . . . . . . . .   » 20

**AVENTURES DE TÉLÉMAQUE**, par Fénelon. . . . . . . . . . . . . . .   » 60

**BIBLE DE ROYAUMONT**, à l'usage des écoles; édition approuvée par S. Ém. le cardinal archevêque de Paris . . . . . . . . . . . . . . .   » 70

**CANTIQUES DE SAINT-SULPICE** . . . . . . . . . . . . . . . . .   » 55

**CATÉCHISME HISTORIQUE** abrégé, par Fleury; édition approuvée par S. Ém. le cardinal archevêque de Paris. . . . . . . . . . . . . . .   » 20

**COURS ABRÉGÉ D'HISTOIRE DE FRANCE**, depuis 420 jusqu'en 1852; présentant pour chaque règne un questionnaire et des synchronismes, par Mme Emma Morel . . . . . . . . . . . . . . . . . . . . . . . . .   » 45

**DOCTRINE CHRÉTIENNE**, par Lhomond; édit. approuvée par S. Em. le cardinal archevêque de Paris . . . . . . . . . . . . . . . . . . . .   » 60

**ÉPITRES ET ÉVANGILES**, à l'usage des écoles chrétiennes; édition approuvée par S. Ém. le cardinal archevêque de Paris. . . . . . . . .   » 35

**FABLES DE LA FONTAINE**; édition revue et corrigée, enrichie de notes nouvelles par D. S., à l'usage de la jeunesse; approuvée par S. Ém. le cardinal archevêque de Paris . . . . . . . . . . . . . . . . . . . .   » 45

**GRAMMAIRE FRANÇAISE**, par Lhomond. . . . . . . . . . . . . . . .   » 20

**HISTOIRE ABRÉGÉE DE L'ANCIEN TESTAMENT**, avec celle de la Vie de N.-S. Jésus-Christ; édition approuvée par S. Ém. le cardinal archevêque de Paris . . . . . . . . . . . . . . . . . . . . . . . . . . .   » 60

**HISTOIRE DE LA RELIGION**, par Lhomond; in-12; édition approuvée par S. Ém. le cardinal archevêque de Paris. . . . . . . . . . . . . . .   » 60

**HISTOIRE DE L'ÉGLISE**, par Lhomond; in-12; édition approuvée par S. Ém. le cardinal archevêque de Paris. . . . . . . . . . . . . . . .   » 60

**MORALE EN ACTION**, ou Choix d'anecdotes instructives; in-12; édition approuvée par S. Ém. le cardinal archevêque de Paris. . . . . . . . .   » 55

**MYTHOLOGIE ÉPURÉE**, à l'usage des classes, par Mme Emma Morel; in-18. . . . . . . . . . . . . . . . . . . . . . . . . . . . . . . . .   » 45

**PSAUTIER DE DAVID**, à l'usage des écoles chrétiennes; in-18; édition approuvée par S. Ém. le cardinal archevêque de Paris. . . . . . . . .   » 35

REMISE DE 25 % SUR LES CLASSIQUES CI-DESSUS

# LIVRET D'OUVRIER

Cartonnage toile : **15** cent. — Le même, avec une carte routière de France : **20** cent.
Par cent net : **3** cent. de remise.

# TABLE ALPHABÉTIQUE

## PAR NOMS D'AUTEURS

### DES OUVRAGES CONTENUS DANS CE CATALOGUE

## C



## D

## N



## O





## P



## R

26887. — Tours, imprimerie Mame.

# PRINCIPALES DIVISIONS DU CATALOGUE



Il est distribué des catalogues spéciaux :

1º Pour les livres de distributions de prix.

2º Pour les éditions liturgiques.

3º Pour les livres de piété en *langue espagnole*.

4º Pour les ouvrages classiques des collèges, de l'Institut des Frères des Écoles chrétiennes et des maisons d'Éducation.